Stadt Würzburg

Hochstift Würzburg und Herzogtum Franken

Hof-, Stands- und Staatskalender

Stadt Würzburg

Hochstift Würzburg und Herzogtum Franken
Hof-, Stands- und Staatskalender

ISBN/EAN: 9783744635585

Hergestellt in Europa, USA, Kanada, Australien, Japan

Cover: Foto ©ninafisch / pixelio.de

Weitere Bücher finden Sie auf **www.hansebooks.com**

Fürstlichen Hoch=Stiffts Wirtzburg,

und

Hertzogthums Francken Hof = Stands = und Staats=Calender,

Auf das fünffzehende Schalt=Jahr dieses
achtzehenden Sæculi,

Nach Gnadenreicher Geburt JEsu Christi

M DCC LX.

Von Anfang des Hertzogthums Francken
1434. Von Erbauung der Stadt Wirtzburg 1465.
Nach der Marter und Todt des Heil. Kiliani, Fränck. Apostels
und seiner Gesellen Colonati und Totnani 1073. Nach An=
fang und Zeiten S. Burchardi ersten Bischoffs, und zugleich
Hertzogen zu Francken 1018. Von Glor= und Freudenreiche=
ster Erwählung Unsers Gnädigsten Fürsten und Herrn,
Herrn ADAMI FRIDERICI, zum Bischoffen zu
Wirtzburg, und Hertzogen zu Francken
das Sechste Jahr.

Worinnen

1. Die Monatliche Gebett und Andachten in der Fürst=
lichen Residentz=Stadt Wirtzburg, und zugleich immerwährenden
Anbettung durch das gantze Hochstifft Wirtzburg. 2. Die Fortsetzung
denckwürdiger Succession deren Dom=Herren des hohen Dom=Stiffts da=
selbsten. 3. Alle Hoch=Stifftische Geist= und Weltliche Civil= und Militar=
Angehörige, sambt denen Dicasterien, deren Sessionen und
Ferien, auch Ober=Aembter und Kellereyen.

Nebst mehrerem Anhang.

Mit Hochfürstlich=Gnädigstem Privilegio.

In Verlag des Arbeits=Hauses zu Wirtzburg.

Gedruckt und zu finden bey Marco Antonio Engman,
Hof=Buchdruckern.

JANUARIUS.

Von der Beschneidung Chri. L. 2.

1 Neu Jahr		✠□♂☉sch.
2 Macarius		●5.u.43.♏
3 Genofeva		(tag L.fa
4 Titus		✠♃rauh
5 Thelesi h.		✠⚓ Luft.

Da Herodes gestorben war, M. 2.
Von denen 3. Weisen, Matth. 2.

6 H. 3. Kl.		✠☿Schnee
7 Lucianus		♌ Erw. Tag
8 Erhardus		♌ Er.H.Gu.
9 Julianus		✠♂☉schein
10 Agatho		☾6.u.46.♏
11 Hyginus		✠□♃und
12 Tatiana		✠☿ gelind.

Als JEsus 12. Jahr alt war, L. 2.

13 Fr. Vero.		✠☿ Wetter
14 Hilarius		✠☿ schnee-
15 Paul. Eins.		♂□♂wol.
16 Marcellus		⚓ & mit
17 Ant. Eins.		✠☉schein
18 Pet. Stuhl.		●7.u.26.♏
19 Canutus		✠✱♃nebl

Von der Hochzeit zu Cana, J. 2.

20 Fz. N. J.		Fab.Sebast.)
21 Agnes J.		♌ (☉ in ♒
22 Vincent.		♌ schneegest.
23 Mar. Ver.		Macar.) ✠☿
24 Timothe.		✠☿△♃nebl
25 Pauli Be.		●8.u.34.♏
26 Polycarp.		✠☉schein

Als JEsus vom Berg stieg, M. 8.

27 Fz. Chrys.		✠✱△♃rauhe
28 Raymun.		✠.♀.fl.Luft
29 Aquilinus		✠□□♃und
30 Martina		✠☿ schnee
31 Petr. Nol.		✠♂♃wolke

Ordnung

der immerwährenden Anbettung durch das ganze Hochfürstl. Bistum Wirzburg.

Tag.

31 Decemb.	Homburg
1	Unterwittb. u. Fil.
1	Lengfurt.
2	Erlenbach, u. Fil.
3	Trennfeld, u. Fil.
3	Hasenlohr, u. Fil.
4	Hendenfeld.
5	Rottenfels, u. Fil.
6	Carbach.
7	Pflorbach, u. Fil.
7	Neustatt am M.
8	Steinb. u. Hofst.
8	Gemünden.
9	Wolfsmün. u. Fil.
10	Obersinn, u. Fil.
10	Wernfeld, u. Fil.
11	Carspach, u. Fil.
11	Gössenb. und Fil.
12	Carlstatt.
14	Carlburg, und Fil.
15	Mühlb. Eussenb.
16	Aschfeld.
17	Stetten, und Fil.
18	Retzbach.
19	Thüngersheim.
20	Veitshöchheim.
21	Zell am M. u. Fil.
22	Erlabrunn.
23	Hettstatt, u. Fil.
24	Greussenheim.
25	Helmstatt, u. Fil.
26	Wenckh. u. Neub.
27	Holtzkirch. Birckl.
28	Urspringen, u. Fil.
29	Steinfeld, u. Fil.
30	Wiesenfeld, u. Fil.

Monathliche Gebett und Andachten in der Hochfürstl. Residenz-Stadt Wirtzburg im Januario.

Dienstag den 1. ist bey denen PP. Dominicanern und PP. Societatis in Forma Jubilæi vollkommener Ablaß.

Sonntag den 6. ist bey denen PP. Dominicanern das 10stündige Gebett, und wird das Fest deren Heil. drey Königen im Collegiat Stifft Neumünster feyerlich celebriret

Sonntag den 14. ist im hohen Dom Nachmittag um halb 2. Uhr Corporis Christi-Bruderschafft, das zehenstündige Gebett aber bey denen PP. Carmelitern. Dann ist auch das Fest des H. Mauri bey denen PP. Benedictinern ad S. Stephanum, und zum Schotten, wie auch im Jungfräulichen Closter zu St. Affra.

Mitwoch den 16. fanget die 9. Mittwochige Andacht Nachmittag um 3. Uhr zum H. Joseph bey denen PP. Reuern an

Donnerstag den 17. ist wegen des Fests des H. Antonii Einsidlers bey denen Ursulinern vollkommener Ablaß zu gewinnen.

Freytag den 18. ist auf dem Schloß das Danck-Fest wegen glücklichen Entsatz des Schloß und der Stadt.

Sonntag den 20. ist bey denen PP. Societatis die General-Communion, Nachmittag um 2. Uhr die Bruderschaffts-Versammlung daselbst. Das 10stündige Gebett aber bey denen PP. Franciscanern. Auch ist das Fest des H. Martyrers Sebastiani, bey denen PP. Augustinern mit vollkommenen Ablaß.

Montag den 21. ist bey denen PP. Societatis eine besondere Andacht wegen dem Fest S. Agnetis als Kirchen-Patronin.

Mitwoch den 23. ist bey denen PP. Discalceaten wegen dem Fest der Vermählung des H. Josephs. Item bey denen PP. Benedictinern-Schotten wegen dem Fest S. Macarii vollkommener Ablaß.

Freytag den 25. wird das Fest der Bekehrung S. Pauli bey den PP. Dominicanern feyerlich celebriret.

Sonntag den 27. ist das 10stündige Gebett bey denen PP. Augustinern, und bey denen PP. Capucinern per modum Suffragii für eine arme Seel im Fegfeuer vollkommener Ablaß zu gewinnen.

Dienstag den 29. ist das Fest des H. Martyrers und Priesters Aquilini in der Universitäts-Kirch.   A 2

FEBRUARIUS.

1 Ignat.faſt	♌	●7.4.20. ♓.
Von der Opfferung Chriſti, L. 2		
2 Mar. Licht.	♌ ♎	✳ △♀ regen.

Vom Hausvatter u. Arb. M. 20.

3 F. Sext.	♋	Blaſius) kal
4 Veronica	♌	☽ ♂ wold
5 Agatha	♍	✝☷ △♃ mit
6 Dorothea	♍	✝☷ ☉ ſchein
7 Romvald.		✝☷ ✳♀ nebl
8 Joh. v. M.		✝☷ etwas
9 Apollonia		☾ 4. u. 10. ♈.

Vom guten Saamen, Luc. 8.

10 F. Sext.		Schol)rauhe
11 Severin.		✝☷ ✳☉ luſt
12 Gaudent.		☷ □♂ ſchnee
13 Benignus		✝☷ wolcken
14 Valentin.		✝☷ ſagio.ſt.
15 Fauſtinus		✝☷ unbeſtän.
16 Conſtant.		●9 u. u. Hoh.

JEsus machet ei e Blind. ſeh. L. 18.

17 F. H. Faſt		✝☷ Geb. Tag
18 Simeon		er. H. ꝛn. ꝛc.
19 Marsvet.		✝☷✳☉ in ✠
20 Aſch. Mitt		✝☷ rauhe
21 Eleonora		✝☷✳ Luſt
22 Pet. ſtuhl.		✝☷ wolcken
23 Eberh. faſt		☽ 4. u. 30. ♈.

JEs. ward vom Teuffel verſ. M. 4.

24 Fl. Inv.		✝ □♄ und
Vom ſüſſen Joch Chriſti, M. 11.		
25 Mathias		✝ □♂ gelind
26 Nicephor.		✝☷ Wetter
27 Quat. faſt		Alexan.)✝☷
28 Leander		✝♂♃ wind.
29 Rom. faſt		✝ ſſ♂ wold.

Ewige Anbettung.

Tag.

1	Laudenbach,
1	Himmelſtatt,
2	Leinach, und Fil.
4	Zellingen.
6	Rauderbacker,
7	Eivelſtatt,
8	Thalh. mit Bibelr.
8	Sultzfeld und Fil.
9	Notend. und Fil.
10	Gerbrunn,
10	Eſſenfeld,
11	Kürnach, u. Fil.
11	Verobach,
12	Hauſen, und Fil.
13	Rimpar,
14	Burggrumb. u. Fil
15	Schwanſeld,
15	Bergtheim, u. Fil.
16	Ettleben, u. Fil.
17	Zeitsleben, u. Fil.
18	Hergoltzh. u. Fil.
18	Schlerieb, u. Fil.
19	Grafenrheinf. u. F.
20	Bergrheinfeld,
21	Eßleben, und Fil.
22	Wipfeld, und Fil.
23	Hirſchfeld,
23	Unter-Euſſenb.
24	Fahr,
24	Eſchendorff,
25	Euerfeld,
25	Dippach, und Fil.
26	Kitzingen, u. Fil.
28	Dettelbach, u. Fil.

Dettelbacher Land-Capitul.

Gebett und Andachten im Februario.

Freytag den 1. wird das Fest des Seel. Andres Conti bey denen PP. Franciscanern feyerlich celebrirt.

Samstag den 2. das Fest Mariä Lichtmeß mit einem Ablaß von 7. Jahren und so viel Quadragenen in Unser Lieben Frauen-Capellen auf dem Marck, und auf St. Nicolai-Berg.

Sonntag den 3. das 10stündige Gebett bey denen PP. Dominicanern. Eodem ist das Fest des H. Bischoffs und Martyrers Blasii in der Kirch des Colleg.-Stiffts Neumünst., bey denen PP. Franciscan. und Capucin. Und zugleich bey denen PP. Capucin. des Fest des H. Josephs von Leonissa Nicht minder bey denen PP. Franciscanern das 2'e Bruderschaffts-Fest der Unbefleckten Empfängnuß Mariä.

Dienstag den 5. ist wegen denen 3. H. Japonesischen Martyrern bey denen PP. Societatis vollkommener Ablaß.

Sonntag den 10. ist im hohen Dom um halb 2. Uhr, Corporis Christi-Bruders., das 10stünd. Gebett bey denen PP. Carmelitern. Eodem ist das Fest S. Scholasticæ im Jungfräulichen Closter St. Affra. Item das Fest des H. Guilelmi von Aquitanien bey denen PP. Augustinern für die Gürtel-Bruderschafft Mariä von Trost mit vollkommenen Ablaß

Donnerstag den 14. ist wegen dem Fest St. Valentini Bischoffs und Martyrers bey denen PP. Franciscanern durch die ganze Octav vollkommener Ablaß zu gewinnen.

Sonntag den 17. ist bey denen PP. Societatis die General-Communion, Nachmittag um 2. Uhr die Bruderschaffts-Versammlung allda. Das 10stündige Gebett bey denen PP. Franciscanern mit vollkommenen Ablaß für die Gürtel-Bruderschafft S. Francisci. Auch ist die 3. Faßnachts-Tag das 40stündige Gebett bey denen PP. Societatis.

Freytag den 22. frühe um 6. Uhr fangt das 40stünd. Gebett bey denen PP. Carmelitern, dauert biß den 24. Abends um 6. U.

Samstag den 23. ist das Fest der H. Margarethä von Cortona bey denen PP. Franciscanern mit vollkommenen Ablaß.

Sonntag den 24. ist das 10stündige Gebett bey denen PP. Augustinern, und bey denen PP. Capucinern per modum Suffragii für eine arme Seel im Fegfeuer vollkommen. Ablaß.

Montag den 25. ist wegen dem Fest S. Mathiæ Apostels in der Pfarr-Kirch zu St. Peter das 10stündige Gebett.

Auf Quatember-Mittwoch den 27. ist im hohen Dom auf dem Pfarr-Altar frühe um 7. ein Seel-Amt.

1	Albin. faſt.	♌	☉ 10. u. 12. ℞.

Von der Verklär. Chriſti, M. 17.

2	E1. Rem.	♌	☽ ☌ ♄ ☉ ſche.
3	Cunegund.	♍	✝ ☌ ☽ 11. ℟.
4	Caſimirus	♎	✝ ☍ △ ♃ und
5	Theophilus	♏	✝ ☌ ☍ an-
6	Fridericus	♐	☌ ☍ haltend
7	Thom. v. Aq	♑	☽ □ ♃ ſein
8	Joh. de Deo	♒	☽ ☌ ♀ wetter

JEſus treibt einē Teuſel aus, L. 11.

9	E3. Ocul.	♒	Franc.) wolf.
10	40. Mart.	♓	☌ o. u. 52. ℬ.
11	Roſina	♈	☽ ſſ ♀ ſturm-
12	Gregorius	♉	✝ ☍ ♎ wind
13	Euphraſia	♊	✝ ☍ lüfftig
14	Mathild.	♋	✝ ☍ Son-
15	Longinus	♌	✝ ☍ nenſchei

JEſus ſpeiſet 5000. Mann, J. 6.

16	E4. Lätar.	♌	☽ ☌ ♄ kühl.
17	Gertrudis	♍	● 8. u. 46. ℬ
18	Patritius	♎	☍ ✳ ♃ regen

Joſeph ward von der Empf. M. 1.

19	Joſephus	♏	ſſ ☉ und wind
20	Nicetas	♐	☉ in vvtacgl
21	Benedict.	♑	Frähl. Anfa.
22	Octavian.	♒	△ ♃ windig

Die Juden wolten JEſum, J. 8.

23	E5. Jud.	♓	☽ □ ♄ wetter
24	Gabr. faſt.	♈	☽ o. u. 45. ℬ.

Von Sendung des Eng. Gabr. L. 1.

25	L. Verk.	♉	✝ ☍ windig
26	Emanuel	♊	✝ Wetter
27	Rupertus	♋	✝ ☍ ♃ wolk.
28	Guntram ſchm	♌	✝ ☍ ☌ ♀ mit
29	Mechtild.	♍	☽ Sonnen

Von der Einreit. Chriſti, M. 21.

30	E6. Palm	♎	✳ ☽ ♄ ſchein
31	Balbinus	♎	● 1. u. 46. ℟.

Ochſenfurter Land-Capitul.

Ewige Anbettung.

Täg.

2	Stadt Ochſenf.
5	Marckbreit,
5	Dettingen, und Fil.
5	Eßfeldt,
6	Ingolſtadt,
6	Baldersbe. u. Fil.
7	Heydingsfeld und Nottenbauer.
10	Gau-Büttelbrunn,
11	Zeudelried,
11	Süttibard,
12	Darſtatt,
12	Gelchsheim,
13	Auffſtetten,
13	Klein-Ochſenfurt,
13	Frickenhauſen,
15	Euerhauſen, u. Fil.
15	Hopferſtatt,
16	Kirchheim, u. Fil.
17	Rüdershauſen,
17	Riedenheim,
18	Goßmansdorff,
19	Unter- und Ober-Wittighauſen,
20	Gau-Königshofen,
21	Aub, mit Spithal,
23	Heimmersheim,
23	Gau-Rettersheim,
24	Allersheim, u. Fil.
25	Stalldorff,
25	Acholtshauſen,
26	Sulzdorff,
26	Wolckshauſen,
27	Röttingen, u. Fil.
29	Erlach, und Fil.
29	Höchberg, und Fil.
31	Sondershof, und Filial.

Gebett und Andachten im Martio.

Sonntag den 2. ist bey denen PP. Dominicanern das 10-stündige Gebett. Eodem als auf Quatember-Sonntag ist bey denen PP. Societatis die General - Communion, Nachmittag um 2. Uhr die Bruderschaffts-Versammlung

Freytag den 7. ist wegen dem Fest S. Thomæ von Aquin bey denen PP. Dominicanern, auch im Jungfräulichen Closter zu St. Marx vollkommener Ablaß zu erlangen.

Sonntag den 9. ist im hohen Dom um halb 2. Uhr Corporis Christi-Bruderschaffts, das 10stündige Gebett bey denen PP. Carmelitern.

Dienstag den 11. ist wegen dem Fest St. Catharinä von Bononien bey den PP. Francifcanern und Capucinern vollkommener Ablaß zu erlangen.

Sonntag den 16. ist bey denen PP. Societatis die General-Communion, Nachmittag um 3. Uhr die Bruderschaffts-Versammlung daselbst.

Montag den 17. ist das Fest St. Gertrudis in der Pleich-acher Pfarr-Kirch mit vollkommenen Ablaß.

Mittwoch den 19. ist wegen dem Fest St. Josephi bey denen PP. Difcalceaten oder Neuern vollkommener Ablaß zu erlangen.

Freytag den 21. ist wegen dem Fest S. Benedicti bey denen PP. Benedictinern ad S. Stephanum, und ad S. Jacobum zum Schotten, auch im Jungfräulichen Closter zu S. Affra vollkommener Ablaß zu erlangen.

Sonntag den 23. ist das 10stündige Gebett bey denen PP. Francifcanern mit vollkommenen Ablaß für die Gürtel-Bruderschafft S. Francisci.

Dienstag den 27. wird das Fest Mariä-Verkündigung als Titular-Sodalitatis Majoris in Aula Academia, dann in Unser Lieben Frauen-Capellen auf dem Marck mit vollkommenen Ablaß, und bey denen Urfulinerin eine befondere Andacht gehalten.

Freytag den 29. wird das Fest Mariä-Schmertz in der Capell auf dem Marck, und auf dem St. Nicolai-Berg mit vollkommenen Ablaß gehalten.

Sonntag den 30. ist das 10stündige Gebett bey denen PP. Augustinern, und bey denen PP. Capucinern per modum Suffragii für eine arme Seel im Fegfeuer vollkommener Ablaß zu gewinnen. Auch ist die Palmen-Proceßion.

APRILIS.

1 Hugo E.		✢☉	hefftige
2 Franc.de P.		✢☉	Plaß,
3 Grün. don		☿ □♃	regen
4 Char.frey?		✢☌☽.73.L.	
5 Vinc.Fer.		✢☉	wolcken

Von der Auferst. Christi, M. 16

6 E.h.Oste.		✢☉	unbe.

Von denen 2. Jüngern, Luc. 24.

7 2. Ostert.		✢☉	ständig

JEsus kommt zu seinen, Luc. 24.

8 3. Ostert.		☾ 6.u.30.N.	
9 Mar.Egyp		✢☉☿	wetter
10 Ezechiel		✢☉☿	fein
11 Leo I. P.		✢☉☿	warm
12 Julius		☽♂♐	wetter

JEsus gehet durch verschl. J 20

13 Ei. Quas.		✢☉ ♂kalt	
14 Tiburtine		☿ ☌♀	rege.
15 Basilissa		●5.u.54.M.	
16 Quotilia.		✢☉	sturm
17 Anicetus			wid
18 Apoll. nius		✢ □☌wo.F.	
19 Wernerus		☽□♄☉in☿	

Vom guten Hirten, Joh 10 E.

20 E. 2. Risf.		✢☉ ✳☌an i	
21 Anselmus		✢☉	sonnen.
22 Soterus		☽9.u.50.V.	
23 Georg ius		✢ ☾Tag14.N.	
24 Adalbert.		✢☉	schein
25 Marc. Ev.		☿ ☌♂	und
26 Cletus		☿	windigem

Uber ein klein, werdet ihr, J 16.

27 E. Jub.		✢☉	Wetter
28 Vitalis		✢☉ △♃sein	
29 Petrus M.		✢☉	warm
30 Cath. Sen.		●5.u.56.V.	

Ober-Carlstatter Land-Capitul. Jphofer Land-Capitul.

Gebett und Andachten im Aprill.

Auf Grünen-Donnerstag den 3. wird im hohen Dom früh um 6. Uhr eine Predig, nach dieser unterm Amt die Oelweyhung, Abends nach der Metten im Collegiat-Stifft Neumünster eine kurtze Sermon und Tods-Angst gehalten, und die Andacht bym Oelberg auf dem Leichhof fortgeführt.

Auf Char-Freytag den 4 wird männiglich zu einer mehr als sonsten gewöhnlichen Fasten, zu Anhörung der Paßions-Predig, zu Besuchung der heiligen Gräber ermahnet.

Auf den Oster-Sonntag den 6. ist das 10stündige Gebett bey den PP. Dominicanern. Eodem wird eine Proceßion in das Collegiat-Stifft Haug aus dem hohen Dom geführet. Nicht minder ist die 3 Oster-Tag das 40stündige Gebett bey denen PP. Discalceaten.

Auf Oster-Dienstag den 8. ist in der Kirch der Auferstehung Christi oder Todten-Capell am hohen Dom vollkommenen Ablaß.

Sonntag den 13. ist im hohen Dom Nachmittag um halb 2. Uhr die Bruderschafft Corporis Christi, das 10stündige Gebett bey denen PP. Carmelitern.

Sonntag den 20. ist bey denen PP. Societatis die General-Communion, Nachmittag um 2. Uhr die Bruderschaffts-Versammlung daselbst, das 10stündige Gebett aber ist bey denen PP. Franciscanern mit vollkommenen Ablaß für die Gürtel-Bruderschafft S. Francisci.

Mittwoch den 23. ist das Fest S. Georgii bey denen PP. Augustinern.

Freytag den 25. wird das Fest des H. Evangelisten Marci in dem Closter zu St. Marx mit vollkommenen Ablaß, nebst einer Proceßion aus dem hohen Dom in das Collegiat-Stifft Haug gehalten.

Sonntag den 27. ist das 10stündige Gebett bey denen PP. Augustinern, und bey denen PP. Capucinern per modum Suffragii für eine arme Seel im Fegfeuer vollkommener Ablaß zu gewinnen.

Mittwoch den 30. ist wegen dem Fest S. Catharinæ Senensis bey den PP. Dominicanern und zu St. Marx vollkommener Ablaß zu erlangen.   A 5

			Täg.	
Von vielen Wohnungen, J. 14.				
1 Phil. Jac.		✝ □ ♃ fein	1	Stadel - Schwarzach, und Filial.
2 Athanasius		✝ warm		
3 ✝ Erfind.		✝ wetter	2	Rötelsee,
Ich gehe zu dem der mich, J. 16.			3	Reuppelsdorff,
4 C 4. Cant		Mon.) wolck	3	Rotheim,
5 Pius V.		✝ △ ♃ und	3,	Altmanshausen,
6 Joh. v. Pf.		✝ fein	3	Dornheim,
7 Staniklaus		✝ warm	4	Huttenheim,
8 Mich. Ersch		(8 u. 4. V.	4	Wiesentheit, u. Fil.
9 Greg. Naj.		✝ wetter	6	Iphosen,
10 Antonin.		△ ♂ T. 15. f.		
So ihr den Vatter etwas, J. 16.			9	Schleichach,
11 Es Mogt		☌ wolcken	9	Prölsdorff,
12 Nereus		✝ striche,	9	Unter-Steinbach,
13 Servatius		✝ gen	10	Ober-Schwartz.
14 Bonifac.		✝ △ ♃ und	11	Franckenwinheim,
15 Sim. Gr.		● 1. u. 42 V.	12	Stadt-Volckach,
16 Joh. Nep.		⊙ schein	13	Marck-Ostheim,
17 Bruno B.		✝ warm	14	Ober-Volckach,
Wann aber der Tröster, Joh. 15.			14	Herlheim,
18 C 6. Erau		Felix) Regen	15	Geybach,
19 Petr. Cäl.		✝ und	15	Colitzheim,
20 Bernard.		⊙ in ♊ wind	16	Gerolkhofen,
21 Constant.		) 8. u. 36. N.	17	Dünckelshausen,
22 Helena		☌ ♂ wetter	18	Grettstadt,
23 Desiderius		☌ ♂ wolcken	19	Ober-Euerheim,
24 Joan.a la		✝ △ ⊙ mit	20	Donnersdorff,
Wer mich liebt, der ha.t, Joh. 14.			21	Falckenstein,
25 C. H. Pfin.		Urb) ⊙ schel.	21	Westheim,
Also hat Gott die Welt gel. J. 3.			22	Zell,
26 h. Pfingst.		✝ △ ♃ und	22	Gnetzgau,
Vom guten Hirten, Joh. 10. C.			23	Haßfurth,
27 h. Pfingst.		✝ Strich,	25	Prappach,
28 Quat. fast		✝ regen	25	Zeil,
29 Restitutus		● 10 u. 11. N.	27	Limbach,
30 Felix faft.		☿ (sichtb. finst	29	Eltmann,
31 Petro. faft.		✝ wolcken.	29	Stettfeld,
			30	Trunstadt,
			31	Oberheydt,

Gebett und Andachten im Majo.

Donnerstag den 1. wird am Fest der H. Apostlen Philippi und Jacobi à Sodalitate Acad. Maj. die gewöhnliche Procession aus dem hohen Dom nacher Höchberg geführt, das 10stündige Gebett zu St. Peter.

Samstag den 3. ist das Fest † Erfindung im hohen Dom und Neumünster als Titular, und bey denen PP. Franciscanern mit vollkommenen Ablaß.

Sonntag den 4. ist das 10stündige Gebett bey den PP. Dominicanern. Eodem ist das Fest der Heil. Mutter Monicæ bey denen PP. Augustinern.

Montag den 5. ist das Fest des H. Pii V. bey denen PP. Dominicanern. Item das Fest S. Angeli bey denen PP. Carmelitern.

Dienstag den 6. ist das Fest S. Joannis ante portam Latin. in beeden Collegiat-Stifftern Haug und Neumünster.

Sonntag den 11. ist im hohen Dom Nachmittag um halb 2. Uhr die Bruderschafft Corporis Christi, das 10stündige Gebett bey denen PP. Carmelitern. Es sangt auch an die Creutz-Woch der Bitt-Täg, worzu jedermann angemahnet wird.

Donnerstag den 15. als am Fest der Himmelfahrt Christi ist die Andacht im Julier-Hospital.

Freytag den 16. ist im Collegiat-Stifft Neumünster wegen dem Fest S. Joannis Nepom. vollk. Ablaß zu erlangen.

Samstag den 17. ist das Fest S. Brunonis im hohen Dom.

Sonntag den 18. ist bey denen PP. Societatis die General-Communion, Nachmittag um 2. Uhr die Bruderschaffts-Versammlung allda. Dann bey denen PP. Franciscanern das 10stündige Gebett mit vollkommenen Ablaß für die Gürtel-Bruderschafft S. Francisci.

Sonntag den 25. ist das 10stündige Gebett bey denen PP. Augustinern, und bey denen PP. Capucinern per modum Suffragii für eine arme Seel im Fegfeuer vollkommener Ablaß zu erlangen. Es wird auch die 3. H. Pfingst-Täg bey denen PP. Discalceaten oder Reuern das 40stündige Gebett gehalten.

Auf Quatember-Mittwoch den 28. ist im hohen Dom frühe um 7. Uhr auf dem Pfarr-Altar ein Seel-Amt.

JUNIUS.		Ewige Anbettung
Mir ist Gewalt gegeben, Mat. 28.		Täg.
1 St. H. Dr.	✠ windig	1 Mergentheim,
2 Marcellin.	✠ wetter.	3 Böttigheim,
3 Crotildes	✠ wolcken	4 Gerchsheim,
4 Optatus	✠ □ schneigt	5 Jlulspan,
Mein Fleisch ist warhafftig, J 6.		5 Grünsfeldt,
5 Fronleic.	Bonif.) Tauf	7 Impfingen,
6 Norbertus	☾ 6. u. o. N.	8 Diettigheim,
7 Robertus	☿ ♄ Donner	9 Diestelhausen,
		10 Gerlachsheim,
Vom grossen Abendmahl, L. 14.		11 Lauda,
8 Sz. Med.	✠ wolcken	12 Heckfeldt,
9 Primus	✠ mit	13 Schüpf,
10 Margarit	✠ regen	13 Deckfeldt,
11 Barnabas	✠ und	14 Vorberg, und
12 Fronl. oct.	✠ Wind	Messelhausen,
13 Ant. v. Pa.	● 8. u. 50. V.	14 Wilybaudt,
14 Basilius	✠ (sicht. Osk.	15 Cuprichhausen,
		15 Ober-Balbach,
Vom verlohrnen Schaaf, Luc. 15.		16 Unter-Balbach,
15 Sz. Vit.	✠ Consecr.	16 Stuppach,
16 Ludgardis	☿ Fr. H. Sa.	17 Roth,
17 Adolphus	✠ warm	17 Marckelsheim,
18 Mar. v. M.	✠ wetter	18 Igersheim,
19 Gerv. Prot	☿ unfreundl.	19 Tauber-Nöttersh.
20 Sylver.	☽ 9. u. 11. V.	20 Biber-Ern,
21 Aloysius	○ in ♎ läng.	21 Laudenbach,
		22 Gebsattel,
Vom grossen Fischzug, Luc. 5.		23 Schillingsfürst,
22 Sz. Paul.	☿ Som Anf.	
23 Edelt. fast	kühle Lufft.	
Von der Geburt Joannis. Luc. 1.		
24 Joh. Tau.	✠ stürmisch	24 Bühler-Zell,
25 Prosper	☿ ✳ ♂ wetter	25 Almerspan, und
26 Joh. u. P.	✠ 8. va. sein	Hausen,
27 Lodislaus	☿ □ ♄ warm	25 Jagst-Zell,
28 Leofast.	● 1. u. 15. N.	26 Steinbach,
		27 Stumpffach,
Von der wahren Gerechtigk. M. 5.		28 Lustenau,
JEsus kam nach Cäsarea, M. 16.		29 Bühler-Than,
29 St. Pet. P.	✠ 8. rg. sein	30 Hohenheim,
30 Paul. Ge.	✠ warm.	

Mergentheimer Land-Capitul.

Bühlerth. Land-Capit.

Gebett und Andachten im Junio.

Auf Quatember-Sonntag den 1. ist bey denen PP. Dominicanern das 10stündige Gebett. Eodem ist bey denen PP. Societatis die General-Communion, Nachmittag um 2. Uhr die Bruderschaffts-Versammlung daselbst.

Donnerstag den 5. als am Fest des zarten Frohnleichnams JEsu Christi ist nebst der gewöhnlichen Procession in der Julier-Spital-Kirch eine besondere Andacht, Item diese gantze Octav. in der Universitäts-Kirch frühe um 6. Uhr bey ausgesetzten Venerabile ein hohes Amt für die Wohlfahrt des Vatterlands.

Sonntag den 8. ist im hohen Dom Nachmittag um halb 2. Uhr die Bruderschafft Corporis Christi, das 10stündige Gebett bey denen PP. Carmelitern.

Donnerstag den 12. wird die Frohnleichnams-Octav von der Hochlöbl. Ertz-Bruderschafft Corporis Christi, als Titular mit einer ansehnlichen Procession, Predig und hohen Amt celebriret.

Freytag den 13. ist das Fest S. Antonii von Padua bey den PP. Franciscanern und PP. Capucinern mit vollkommenen Ablaß.

Sonntag den 15. ist bey denen PP. Societatis die General-Communion, Nachmittag um 2. Uhr die Bruderschaffts-Versammlung allda.

Samstag den 21. ist wegen dem Fest S. Aloysii bey den PP. Societatis vollkommener Ablaß zu erlangen.

Sonntag den 22. ist das 10stündige Gebett bey den PP. Franciscanern mit vollkommenen Ablaß für die Gürtel-Bruderschafft S. Francisci.

Dienstag den 24. ist das Fest des H. Johannis des Tauffers im Collegiat-Stifft Haug mit vollkommenen Ablaß.

Sonntag den 29. ist das 10stündige Gebett bey denen PP. Augustinern, und bey denen PP. Capucinern per modum Suffragii für eine arme Seel im Fegfeuer vollkommener Ablaß. Item ist wegen dem Fest der Heil. Aposteln Petri und Pauli in der Pfarr-Kirch zu St. Peter vollkommener Ablaß zu erlangen.

Julius			Ewige Anbettung. Täg.
1 Theod. faſt	♌	✝☿ warm	1 Jm Hohen Dom,
Maria gieng übers Gebürg, L. 1.			1 Jm Hohen Dom,
2 Ma.Heim.	♌	✝☿ troben	1 Jm Hohen Dom,
3 Arno B.	♍	✝☿ Kieſel	2 Jm Hohen Dom,
4 Udalricus	♍	☾♄ L. 16. L.	3 Jm Neuen Münſt.
5 Philomena	♎	☾☌♂ ſtrich	4 Jm Neuen Münſt.
JEſus erbarmet ſich, Marc. 8.			5 Bey PP. Dominic.
6 ℔: Goar	♎	☌ L. 8. o L.	6 Bey PP. Carmelit.
7 Wilibald.	♏	✝☿ regen	7 Mariä Capellen,
Von denen 8. Seeligkeiten, M. 5			8 Mariä Capellen,
8 Kilianus	♏	✝☿ wolcken	9 Jm Seminario,
9 Eliſabetha	♐	✝ □♃ mit	10 Bey PP. Auguſt.
10 7. Brüder	♐	✝ ſſ☉ ſtrich	11 Ju der Hof-Kirch,
11 Pius P.	♑	☾ □♄ regen	12 Jm Stifft Haug,
12 Qualbert.	♑	● 4 u. 42. N.	13 Jm Stifft Haug,
Vom falſchen Propheten, Mat. 7.			14 Jm Burger-Spit.
13 S. Anacl.	♒	✝△ windig	15 Pfarrey St. Peter,
14 Bonavent.	♒	✝ ☌☿ ſein	16 St. Stephan,
15 Kil. Oct.	♒	✝☿ warm	17 Bey PP. Diſcalc.
16 Mar. v. C.	♓	✝☿ Wetter	18 Cloſter St. Affra,
17 Alexius	♓	☾☌♄ donner	19 Pfarrey Pleichach,
18 Henr. Frid.	♈	Hoh. N. Tag	20 Pfarrey Pleichach,
19 Vinc. à P.	♈	Er ♄. Jn r.	21 Cloſter St. Marx,
Vom unger. Haushalter, Luc. 16.			22 Jm Julier-Spit.
20 E8. St. H.	♉	☌ 0. u. 15. B.	23 Ritter - Stifft zu St. Burchard,
21 Praxedes	♉	✝ ſſ♂ ſein	24 Pfarrey St. Burch.
22 Ma.Mag.	♊	☉ ſſ und	25 Jm Hof - Spital, und Schloß,
23 Liborius	♋	✝☿ Tägwaſ.	26 Cloſter St. Jacob,
24 Chriſt.faſt	♋	✝☿ neigt auf	27 Bey PP. Secietatis JESU.
Vom Marter-Kelch, Matth. 20.			28 Bey PP. Franciſcanern Conv.
25 Jacobus	♌	Chriſtophor.)	29 Jm Cloſter deren Urſulin. Geiſtl.
26 Anna M.	♌	☾ □♂ doñer	30 Jm Hohen Dom, Ertz-Bruderſch.
JEſus weinet über Jeruſal. L. 19.			
27 Cy xir	♍	✝☿ Kieſel	
28 Nazarius	♍	☉ n. 30. B.	
29 Martha	♎	Donner	
30 Abdon	♏	warm	
31 Jgn. Loj.	♏	✝☿ Wetter.	

In der Hochfürſtl. Haupt- und Reſidentz-Stadt Wirtzburg durch den gantzen Monath.

Gebett und Andachten im Julio.

Mitwoch den 2. wird das Fest Mariä-Heimsuchung in der Capell auf dem Marck, und auf St. Nicolai-Berg mit vollkommenen Ablaß feyerlich begangen.

Sonntag den 6. ist das 10stündige Gebett bey den PP. Dominicanern.

Dienstag den 8. als am Fest unsers ersten H. Bischoffs und Martyrers Kiliani und seiner Gesellen Colonati und Totnani ist im hohen Dom und Neumünster, Item als Kirchen-Patrons sowohl im Julier-Spithal, als bey den PP. Capucinern vollkommener Ablaß zu gewinnen. Auch wird in der Universitäts-Kirch Nachmittag Vesper und Predig gehalten, darauf mit dem Hochwürdigen der Seegen gegeben werden.

Sonntag den 13. ist im hohen Dom Nachmittag um halb 2. Uhr die Bruderschafft Corporis Christi, das 10stündige Gebett aber bey denen PP. Carmelitern.

Montag den 14. ist Festum S. Bonaventuræ bey den PP. Franciscanern mit vollkommenen Ablaß.

Dienstag den 15. ist wegen Kiliani-Octav eine Procession um die Stadt, und nach dieser das hohe Amt im hohen Dom.

Sonntag den 20. ist bey denen PP. Societatis die General-Communion, Nachmittag um 2. Uhr die Bruderschaffts-Versammlung daselbst, dann das 10stündige Gebett bey denen PP. Franciscanern, mit vollkommenen Ablaß für die Gürtel-Bruderschafft S. Francisci. Eodem ist wegen einfallenden Scapulier-Fest bey denen PP. Carmeliter vollkommener Ablaß zu gewinnen.

Dienstag den 22. ist das Fest S. Mariæ Magdalenæ bey denen PP. Discalceaten oder Reuern mit vollk. Ablaß.

Freytag den 25. ist wegen dem Fest S. Jacobi Apostels bey den PP. Benedictinern-Schotten: Zugleich auch wegen dem Fest S. Francisci Solani bey den PP. Capucinern vollkommener Ablaß zu erlangen.

Samstag den 26. Festum S. Annæ bey den PP. Carmelitern.

Sonntag den 27. ist das 10stündige Gebett bey denen PP. Augustinern, und bey denen PP. Capucinern per modum Suffragii für eine arme Seel im Fegfeuer vollk. Ablaß.

Donnerstag den 31. Festum S. Ignatii Lojolæ, bey den PP. Societatis mit vollkommenen Ablaß.

	Ewige Anbettung

AUGUSTUS. / **Ewige Anbettung.**

Datum			Täg.	Ort
1 Petr. Kett		♎ ☌ ♄ L. 15. ♌	1	Oeden,
2 Portiuncul.		♎ ☌ ♀ sonen.	2	Dechmarn,
Vom Pharisäer u. Public. L. 18.			2	Gurdelßheim, u. F.
3 Ero.Ste Erf		✝ ☍ schein	3	Höchstberg, u. Fil.
4 Dominicus		☾ 6. u. 30 ♍.	4	Offenau,
5 Mar. schnee		✝ ☍ Donner	4	Kocherthürn,
6 Verkl. Chr.		✝ ⁂☉ und	5	Herboltzheim,
7 Alb. Aff. a		♎ □♄ warm	5	Unter-Grießh. u. F.
8 Cyriacus		✝ ☍ windig	6	Ober-Grießheim,
9 Roma. fast		✝ ☍ Donner	6	Duttenberg, u. Fil.
Vom Taub. u. Stumen, Marc.			7	Erlenbach,
Vom Waitzen-Körnlein, J 12.			8	Binswangen,
10 Eu. Laur.		✝ ☌♀ un.	9	Neckars-Ulm,
11 Susanna		● 1. u. 36. ♍.	11	Allfeld,
12 Clara J.		✝ ☍ warm	11	Sundheim,
13 Hyppolit.		♎ ☌♄ wetter	12	Dalheim,
14 Euseb. fast		✝ ☍ Donner	12	Stein,
Maria hat den besten Theil, L. 10.			13	Neudenau,
15 Ma. Him.		✝ ☍ Strich.	14	Dahsfeld,
16 Rochus		♎ ☌♂ regen.	15	Wimmenthal,
Vom Priester, Leviten und, L. 10.				
17 E12. Liber.		✝ ☍☾ va. sein	15	Clepsheim,
18 Agapitus		)5. u. 26. ♏.	16	Ebersthal u. Apl.
19 Ludovicus		✝ ☍ warm	17	Marlach,
20 Bernard.		✝ ☍ ✳ L. 14 ß.	18	Eirdeldorff,
21 Cyriaca		☍ sturmwind	19	Nagelsberg,
22 Timothe.		✝ ☍ ☉ in ♍	20	Jagstberg,
23 Phil. fast.		☾ Hundst. En.	21	Rengershausen,
Von denen 10. Aussätzigen, L. 17.			22	Mulfingen, u. Fil.
24 E13. Bart.		☍ □♂ neigt	24	Wintzenhofen,
25 Ludovicus		✝ ☍ ☌♃ auf	25	Crautheim, u. Fil.
26 Zephyrin.		☾ u. 15. ♏.	27	Gommersdorff,
27 Ruffus		✝ ☍ Donner	28	Ammerichshausen,
28 Augustin.		♎ ☌♄ warm	28	Aßmanstatt,
29 Joh. Enth.		Sabin.) ✝ ☍	29	Westernhausen,
30 Rosakim.		✝ ☍ windig	30	Ober-Ginsbach,
Niemand kan 2. Herren, Mat. 6.			31	
31 E14. Sch.		☍ E.F.)☾ wett.		

(seitlich: Neckar-Ulmer Land-Capitul. / Crautheimer Land-Capitul.)

Gebett und Andachten im Augusto.

Samstag den 2. ist der grosse Ablaß Portiuncula bey denen PP. Franciscanern und PP. Capucinern.

Sonntag den 3. ist das 10stünd. Gebett bey denen PP. Dominic.

Montag den 4. Festum S. Dominici bey denen PP. Dominic. und Closter-Jungfrauen zu S. Marx, mit vollk. Ablaß.

Donnerstag den 7. ist wegen dem Fest S. Affræ in dem Jungfräulichen Closter dieses Nahmens, wie auch wegen dem Fest S. Alberti bey den PP. Carmelitern vollkommener Ablaß zu erlangen.

Sonntag den 10. wird frühe die letzte Procession für dieses Jahr um die Stadt geführet, und ist Nachmittag um halb 2. Uhr im hohen Dom die Bruderschafft Corporis Christi. Das 10stündige Gebett bey den PP. Carmelitern. Festum S. Laurentii im Collegiat-Stifft Neumünster, Nachmittag mit einer Predig.

Dienstag den 12. ist das Fest S. Claræ bey den PP. Franciscanern und PP. Capucinern mit vollkommenen Ablaß.

Freytag den 15. ist das Fest Mariä Himmelfahrt in der Mariä-Capell auf dem Marck, und in der löblichen Burger Sodalitæt mit vollkommenen Ablaß.

Sonntag den 17. ist bey den PP. Societatis die General-Communion, Nachmittag um 2. Uhr die Bruderschaffts-Versammlung daselbst. Eodem wird das dritte Bruderschaffts-Fest der Unbefleckten Empfängnuß Mariä mit einer solennen Procession gehalten.

Mittwoch den 20. wird das Fest des Heil. Bernardi allhier in dem Bronnbacher Kirchlein, und in dem Closter zu Himmels-Pforten hochfeyrlich begangen.

Sonntag den 24. ist das 10stündige Gebett bey den PP. Franciscanern mit vollkommenen Ablaß für die Gürtel-Bruderschafft S. Francisci, Eodem ist das Fest des H. Apostels Bartholomäi in der Pfarr-Kirch zu St. Peter.

Donnerstag den 28. ist das Fest S. Augustini bey denen PP. Augustinern mit vollkommenen Ablaß.

Freytag, den 29. ist das Fest S. Joannis Enthauptung in dem Collegiat-Stifft Haug.

Sonntag den 31. ist das 10 stündige Gebett bey denen PP Augustinern, auch bey denen PP. Capucinern per modum Suffragii für eine arme Seel im Feafeuer vollkommener Ablaß zu erlangen. Eodem ist das Fest der HH. Schutz-Englen in der Hochfürstl. Hof-Kirch. B

1 Egidius		✠♉ windig
2 Steph. R.		☾ 11. u. 56. B.
3 Serapia		✠ Wetter-
4 Rosalia		✠♉ wolcken
5 Justinus		✠⚹ Nebel
6 Zach. faſt		♉ Tagl. 13. ſt.

Von der Wittwen Sohn, Luc. 7.

7 Ei5.Regin.		✠ ☉ſchein

Das Buch der Geburt, Matth. 1.

8 Mar.Geb.		✠♉ trohen
9 Gorgonius		● ☉ u. 30. N.
10 Nic. Tol.		☽ ♂ ♄ Klesel
11 Prothus		✠⚹ ☌ ſonſt
12 Nah.Ma.		✠♉ ☌ ſein
13 Phil. M.		✠♉ warm

Von dem Waſſerſüchtigen, L. 14.

14 Ei6✝Erh.		☽ ♂ ☌ welter
15 Nicomed.		✠♉♒ neigt
16 Cornelius		✠♉♒ auf
17 Quat. faſt		☽ o. u. 6. N.
18 Thom.Vil.		✠♉ Donner
19 Soph. faſt		✠♉♒ und
20 Euſt. faſt		♒ warmes

Vom gröſten Gebott, Matth. 22.
JEſus ſabe einen Menſchen, M. 9.

21 Ei7Matth.		☌ ♃ Wetter
22 Maurit.		☉ in ♎ Tagg
23 Linus P.		Herbſt. Anf
24 Mar.d.M.		☽ ♂ ♄ windig
25 Cleophas		● o. u. 56. B.
26 Cyprian.		✠♉♒ Nebel
27 Cof.Dam.		✠♉ q ☉ mit

Vom Gichtbrüchtigen, Matth. 9.

28 Ei8 Wen.		☽ ♂ ☌ ♂ ☉ſche.

Vom Gröſten im Himmelr. M. 18.

29 Michael		♊ △ ☉ etwas
30 Hieronym.		● □ ♄ lüfftig

Buchheimer Land-Capitul.

Moßbacher L. Cap. Münn. L. Cap.

Gebett und Andachten im September.

Donnerstag den 4. ist das Fest der H. Rosa von Viterbo bey den PP. Dominicanern mit vollkommenen Ablaß.

Sonntag den 7. ist das 10stündige Gebett bey den PP. Dominic.

Montag den 8. ist wegen dem Fest Mariä Geburt in der Capell auf dem Marck ein Ablaß von 7. Jahren und so viel Quadragenen.

Mittwoch den 10. ist das Fest des H. Nicolai von Tolentin bey den PP. Augustinern mit vollkommenen Ablaß.

Sonntag den 14. ist im hohen Dom Nachmittag um halb 2. Uhr die Bruderschafft Corporis Christi, das 10stündige Gebett bey den PP. Carmelitern. Item ist bey den PP. Franciscanern das vierte Bruderschaffts-Fest der Unbefleckten Empfängnuß Mariä mit einer solennen Procession. Eodem ist das Fest Creutz-Erhöhung im Collegiat-Stifft Neumünster mit vollkommenen Ablaß.

Auf Quatember-Mittwoch den 17. wird früh um 7. Uhr im hohen Dom auf dem Pfarr-Altar ein Seel-Amt gehalten. Eodem ist bey den PP. Capucinern das Fest der Wundmahlen S. Francisci mit vollkommenen Ablaß.

Donnerstag den 18. ist das Fest S. Thomæ de Villâ novâ bey den PP. Augustinern mit vollkommenen Ablaß.

Auf Quatember-Sonntag den 21. ist bey denen PP. Societatis die General-Communion, Nachmittag um 2. Uhr die Bruderschaffts-Versammlung daselbst. das 10. stündige Gebett aber bey den PP. Franciscanern mit vollkommenen Ablaß für die Gürtel-Bruderschafft S. Francisci. Auch ist das Fest des H. Apostels Matthæi in der Pfarr-Kirch zu St. Peter.

Sonntag den 28. ist das 10stündige Gebett bey den PP. Augustinern, und bey den PP. Capucinern per modum Suffragii für eine arme Seel im Fegfeuer vollkommener Ablaß zu erlangen.

Montag den 29. wird das Fest des H. Ertz-Engels Michaëlis in der Hochfürstl. Hof-Kirch, auch à Sodalitate Angelicâ feyerlich begangen. B 2

OCTOBER.

Remigius		☾ 6. u. 30. M.
Otto B.		wind
Candidus		kalte
Franc. Ser.		Regen

Vom Hochzeitlichen Kleyd, M. 22.

Rof. F.		nebl
Bruno C.		Strich
Marc. Ser.		regen
Birgitta		noch
Dionysius		☾ 2. u. 20. B.
Franc. B.		selt
Aemilian.		

Vom Königlichen Sohn, Joh. 4.

2 Max.		Wind
3 Eduardus		wetter
4 Hyrc ard.		wold
5 Theresia		und
6 Gallus		lüftig
7 Hedwigis		☾ 6. u. 45. B
8 Lucas Ev.		Nebel

Vom Künig, der Rechnung, M. 18.

9 Pet. v.	Al.)	und
0 Wendelin.		noch
1 Ursula		seines
2 Cordula		in m.
3 Severin.		Wetter
4 Raphael		☾ 11. u. 7. B.
5 Crysanth		kalte

Vom Zinß-Groschen, Matth. 22.

6 Evar.		Regen
7 Ivo fast		Tag. 10. st.

Vom Gebott der Liebe, Joh. 15.

8 Sim. Ju.		Sonnen.
9 Narcissus		schein
0 Hartman.		unstät.
1 Wolff. fast		☾ 2. u. 56. B.

Täg.	
	Ewige Anbettung.
1	Burckartroth, u. F.
1	Bremich, und Fil.
2	Steinach, und Fil.
3	Ebersbach,
3	Niderlauer,
4	Burcklauer,
4	Münnerstatt,
6	Salz, und Filial.
7	Neustatt, und Fil.
8	Brend, und Fil.
9	Wollbach,
9	Bastheim, u. Fil.
10	Unsleben,
11	Heustrey,
12	Holnstatt,
13	Wülfersh. und Fil.
14	Saal,
16	Grossenwench.
16	Wermerichsh. u. F.
17	Poppenlauer,
17	Rannungen, u. F.
18	Dundorff, u. Fil.
19	Stadt Lauringen,
20	Birnfeld,
20	Happertsh. u. Fil.
21	Eydhausen, u. Fil.
22	Altmünster, u. Fil.
22	Ebertshaus. u. Fil.
23	Mechenrieth, u. Fil.
24	Gebheim, u. Fil.
25	Forst, und Filial.
25	Marckstein, u. Fil.
26	Hausen, und Fil.
27	Schonung, u. Fil.
28	Geldersheim,
29	Gronungen,
29	Maybach,
30	Ebenhausen, u. F.

Münnerstatter Land-Capitul.

Gebett und Andachten im October.

Samstag den 4. Festum S. Francisci Seraphici bey de
PP Franciscanern, und PP. Capucinern mit vollkom
menen Ablaß.

Sonntag den 5. ist das Fest des H. Rosenkrantzes bey der
Pr. Dominicanern mit vollkommenen Ablaß für all
Christglaubige, auch das 10stündige Gebett daselbst. Und
das Fest S. Placidi mit seinen Gesellen bey den PP. Bene
dictinern ad S. Stephanum und ad S. Jacobum zum Schot
ten mit vollkommenen Ablaß.

Montag den 6. Festum S. Brunonis bey den PP. Carthäusern
allwo vollkommener Ablaß.

Freytag den 10. ist wegen dem Fest S. Francisci Borgiæ bey
den PP. Societatis vollkommener Ablaß.

Sonntag den 12. ist im hohen Dom Nachmittag um halb 2
Uhr die Bruderschafft Corporis Christi, das 10stündige
Gebett bey den PP. Carmelitern. Eodem ist wegen dem
Fest S. Seraphini bey denen PP. Capucinern vollkomme
ner Ablaß.

Dienstag den 14. ist das Fest S. Burchardi in dem Ritter
stifft dieses Nahmens mit vollkommenen Ablaß.

Mittwoch den 15. ist das Fest der H. Theresiæ bey denen PP.
Discalceaten oder Reuern mit vollkommenen Ablaß.

Sonntag den 19. ist die General - Communion bey denen
PP. Societatis, Nachmittag um 2. Uhr die Bruderschaffts
Versammlung allda. Das 10stündige Gebett bey denen
PP. Franciscanern mit vollkommenen Ablaß für die Gür-
tel-Bruderschafft S. Francisci.

Dienstag den 21. ist Festum S. Ursulæ bey denen Ursuliner-
Closter-Jungfrauen, dann bey denen PP. Augustinern für
die Bruderschafft dieses Nahmens vollkommener Ablaß.

Sonntag den 26. ist das 10stündige Gebett bey den PP. Augustinern, und PP. Capucinern per modum Suffragii für
eine arme Seel im Fegfeuer vollkommener Ablaß zu erlangen.

Dienstag den 28. ist das Fest der HH. Aposteln Simonis &
Judæ in der Pfarr-Kirch zu St. Peter mit dem 10stünd.
Gebett. B 3

				Ewige Anbettung.
Von denen 8. Seeligkeiten, M. 5.				**Täg.**
Aller Heil.	✠	□♀ Nebel		1 Ebern, und Filial.
Von des Fürsten Tochter, Mat. 9.				2 Hofheim, und Fil.
2 3. Just.	♌	♌ kürmisch		3 Seßlach, und Fil.
Aller Seel.	♌♄	♌♂♄ wetter		5 Pfarrweiß. u. Fil.
Car. Bor.		✠♉ ✱♀ nebl		6 Baunach, und Fil.
Zacharias		✠♉ Sonnen		8 Jesserndorff, u. F.
Leonardus		✠♉ ♌ schein		9 Altenbantz, u. Fil.
Engelbert.		● 7. u. 48. N.		10 Gemeinfeld,
Godef. ib.		✠♉ ⚓ und		11 Mürsbach, u. Fil.
				12 Kirchlauter,
Vom guten Saamen, Matt. 13				13 Rattelsdorf, u. F.
2 4. Theo	♍	✠♂ seinem		14 Autenhausen,
2 Andr. Av.	♍	✠♉ Tag. 9. st.		14 Goßmansdorff,
Vom Licht auf dem Leuchter, L. 11.				15 Düringstatt, u. F.
Martinus	♎	♌♂ wetter		16 Katenbrunn,
Mart. P.	♎	✠♉ etwas		16 Zeuln, und Filial.
3 Briccius	♎	✠♉ frostig		17 Gratz, und Filial.
Jucundus	♏	✠♉ ♌ nebel		18 Gereuth,
Leopoldus	♏	☽ 11. u 54. N.		
Vom Senfft-Körnlein, M. 13.				
Ottm.	♐	✠♉ ○ schein		18 Burg-Ebrach, u.
7 Eugenius	♐	✠♉ Schnee		Fil. mit Burgw.
8 Marimus	♑	♌♄ wolcken		19 Marckbibart,
Elisabetha	♑	♌□♂ schnee		20 Cräßsamb. u. Fil.
Fel. v. Val.	♒	✠♉ gestöber		20 Hertzogen. u. Fil.
Seelig ist der Leib, der dich, L. 11.				22 Bilgenbach, u. Fil.
Mar. Opf.	♒	✠♉ ○ in ♐		22 Höchstatt, u. Fil.
2 Cäcilia	♒	☽ 9. u. 34. N.		24 Hannberg, u. Fil.
				24 Ezelskirchen, u. F.
Vom Greul der Verwüst. M. 24.				25 Geiselwind, u. Fil.
2 6. Clem.	♓	♌ (sichtb. stu.		26 Scheinfeld, u. Fil.
4 Joh. von †	♓	✠ raube Luft		27 Kirchschönbach,
5 Catharin.	✠	♌♂♂ frostig		27 Wachenroth, u. F.
6 Cunradus	✠	✠ Wetter		28 Oberscheinf. u. Fil.
7 Virgilius	✠	✠ heiterer		28 Schlüsselfeld, u. F.
8 Florent.	✠	✠ Himmel.		
9 Saturn.	✠	☽ 2. u. 38. N.		
Es werden Zeichen geschehen, L. 21.				
1. Adv.	♈	Andre.) ○s.		30 Mellerichstatt.

Gebett und Andachten im November.

Samstag den 1. ist das Fest Aller Heiligen bey denen PP. Augustinern. allwo vollkommener Ablaß.

Sonntag den 2. ist das 10stündige Gebett bey den PP. Dominicanern. Item in der Kirch deren PP. Benedictinern zum Schotten von der Bruderschafft S. Macarii ein Ablaß von 7. Jahren und so viel Quadragenen zu gewinnen.

Montag den 3. Aller Seelen-Tag, für welche GOtt zu bitten, Allmosen zu geben, und andere gute Werck zu verrichten, jedermann sich zu erinnern wissen wird.

Sonntag den 9. ist im hohen Dom Nachmittag um halb 2. Uhr die Bruderschafft Corporis Christi, dann das 10stündige Gebett bey den PP. Carmelitern.

Dienstag den 11. als am Fest des H. Bischoffs Martini ist im hohen Dom das gewöhnliche Danck-Fest mit einer Proceßion, Predig, hohen Amt und Te Deum Landamus, bey welchem alle Stiffter, Clöster, die Academische Jugend, und von jeder Haußhaltung wenigstens eine Person zu erscheinen ermähnet wird.

Donnerstag den 13. ist wegen des Fests S. Didaci bey den PP. Franciscanern und PP. Capucinern; Dann bey den PP. Societatis wegen des Fests S. Stanislai Koska vollkommener Ablaß zu erlangen.

Sonntag den 16. ist die General-Communion bey den PP. Societatis, Nachmittag um 3. Uhr die Bruderschafft allda

Mittwoch den 19. ist das Fest der H. Wittib Elisabeth in der Julier-Hospital-Kirch mit vollkommenen Ablaß.

Freytag den 21. ist das Fest MARIÆ Opfferung in der Capell auf dem Marck.

Sonntag den 23. ist das 10stündige Gebett bey denen PP. Franciscanern mit vollkommenen Ablaß für die Gürtel-Bruderschafft S. Francisci.

Montag den 24. ist das Fest S. Joannis vom Creutz in der Kirch deren PP Discalceat. oder Reuern mit vollkom. Ablaß.

Dienstag den 25. ist wegen des Fests S. Catharinæ in der Kirch dieses Nahmens vollkommener Ablaß zu erlangen.

Sonntag den 30. ist das 10stünd. Gebett bey denen PP. Augustinern, und PP. Capucinern per modum Suffragii für eine arme Seel im Fegfeuer vollkommener Ablaß zu erlangen. Eodem ist wegen des Fests des H. Apostels Andreæ als Kirch-Patrons des hohen Doms vollkommener Ablaß zu gewinnen. B 4

DECEMBER.			
1 Innocentia	♎	✠☗	Schnee,
2 Bibiana	♎	✠☗	wolcken
3 Franc. Xav.	♎	✠☗	✱♀ und
4 Barbara	♏	✠☗	✱♀ Nebel
5 Sabbas	♏	✠☗	✱♂ mit
6 Nicol. fast	♐	✠☗	☉ schein
Vom Joanne im Gefängn. M. 11.			
7 E 2. Adv.	♐		● 2. u. 46. N.
Das Buch der Geburt, Matth 1.			
8 Mar. Em.	♐		☊ □♄ rauhe
9 Leocadia	♑	✠☗	☌♀ Luft
10 Melchiad.	♑	✠☗	☌♀ und
11 Damasus	♑	✠☗	Schnee-
12 Justina	♑	✠☗	gestöber
13 Lucia, Ott.	♑	✠☗	Tag. 8. st.
Die Juden schickten zu, Joh. 1.			
14 E 3. Adv.	♒	✠☗	☾ Cva. kalt
15 Irenäus	♒		☽ 2. u. 50. N.
16 Eusebius	♓		☊ □♀ regen
17 Quat. fast	♓	✠☗	✱♃ und
18 Erw. M. G	♈	✠☗	lüfftig
19 Nemes. fast	♈		✱♄ Wetter
20 Christ. fast	♈		△♂ gelind
Von der Stimm in der, Luc. 3.			
21 E 4 Thom.	♉		☉ in ♑ kürz. T.
22 Florus	♉		● 8. u. 14. V.
23 Victoria	♊		(Wint. Anf.
24 Ad. Ev. fast	♊		☊ ☍♂ nebel
Von der Geburt Christi, Luc. 2.			
25 H. Christt.	♋		✠ mit schönen
Von Tödtung der Prophet. M. 23			
26 Stephan	♌	✠☗	schein
27 Joh. Ev.	♌	✠☗	Schnee-
Joseph und Maria verw. sich, L. 2.			
28 E. Unsch. Ki	♍		☊ ☍♄ wolken
29 Thom. B.	♎		☾ 5. u. 45. V.
30 David K.	♎	✠☗	△♃ mit
31 Sylvester	♏	✠☗	☉ schein

Mellerichstatter Land-Capitul.

Ewige Anbettung.

Täg.	
1	Eussenhausen,
2	Stockheim,
3	Nordheim, u. Fil.
4	Stadt-Flad. u. Fil.
6	Ober-Fladungen,
6	Simmersh. u. Fil.
7	Hilders, und Fil.
8	Wüstensach. u. Fil.
9	Kleinsassen, u. Fil.
10	Oberbach, u. Fil.
12	Reulbach,
12	Bischoffsh. u. Fil.
15	Burgwald u. Fil.
16	Ober-Elsb. u. Fil
17	Wegfurt, und Fil.
18	Unter-Elsbach,
18	Weißbach, u. Fil.
19	Frickenhausen,
19	Klein-Bardorff,
19	Mitteistrey,
20	Hendungen,
20	Wechtersw. u. Fil.
21	Merckershausen,
21	Groß-Bard. u. Fil.
22	Oberstrey,
23	Grossen-Eibstatt,
23	Sulzfeld, und Fil.
24	Königshofen, u. F.
26	Alsleben,
27	Euershausen,
27	Unter-Eßfeld, u. F.
28	Bundorff, u. Fil.
29	Trappstatt,
30	Sternberg, u. Fil.
30	Breitensee,
30	Herbstatt, und Fil.
31	Wolffmanshaus.

Gebett und Andachten im December.

Mittwoch den 3. ist bey denen PP. Societatis wegen einfallenden Fests S. Francisci Xaverii. Und

Donnerstag den 4. ist bey denen PP. Carmelitern wegen des Fests S. Barbaræ vollkommener Ablaß zu verdienen.

Samstag den 6. ist wegen des Fests S Nicolai in der Sieghauß-Kirch ausser dem Pleichacher Thor vollkom. Ablaß.

Sonntag den 7. ist das 10stünd. Gebett bey den PP. Dominic.

Montag den 8. ist das Fest der Unbefleckten Empfängnuß MARIÆ in der Capell auf dem Marck, und als Titular-Fest der Bruderschafft dieses Nahmens bey denen PP. Franciscanern mit vollkommenen Ablaß.

Sonntag den 14. ist im hohen Dom Nachmittag um halb 2. Uhr die Bruderschafft Corporis Christi, das 10stündige Gebett bey denen PP. Carmelitern. Item das erste Bruderschaffts-Fest der Unbefleckten Empfängnuß MARIÆ bey denen PP. Franciscanern mit einer solenen Procession.

Dienstag den 16. fanget die 9tägige Vorbereit. Andacht zur Geburt Christi an bey denen Ursul. Geistl. Closter-Junfr.

Auf Quatember-Mittwoch den 17. ist im hohen Dom frühe um 7 Uhr auf dem Pfarr-Altar ein Seel-Amt.

Auf Quatember Sonntag den 21. ist bey den PP. Societatis die General-Communion, Nachmittag um 2. Uhr die Bruderschaffts-Versammlung daselbst, das 10stünd. Gebett aber bey den PP. Franciscanern mit vollkommenen Ablaß für die Gürtel-Bruderschafft S. Francisci. Eodem ist auch wegen dem Fest des H. Apostels Thomæ in der Pfarr-Kirch zu St. Peter das 10stündige Gebett.

Donnerstag den 25. als am ersten, dann an den übrigen 3. H. Christ-Feyertägen wird bey den PP. Capucin. das 40stündige Gebett gehalten, und allda vollk. Ablaß zu erlangen.

Freytag den 26. ist das Fest des H. Ertz-Martyres Srephani bey den PP. Benedictinern ad S. Stephanum, allwo wegen des 10stünd. Gebetts vollkom. Ablaß zu gewinnen.

Samstag den 27. ist wegen des Fests S. Joannis Evangelistæ in beyden Collegiat-Stifftern Haug und Neumünster vollkom. Ablaß zu erlangen.

Sonntag den 28. ist das 10stünd. Gebett bey den PP. Augustinern und bey denen PP. Capucinern per modum Suffragii für eine arme Seel im Fegfeuer vollk. Ablaß zu erlangen. Eodem ist das Fest der Unschuldigen Kinder bey den PP. Carthäussern. B 5 Kurtz.

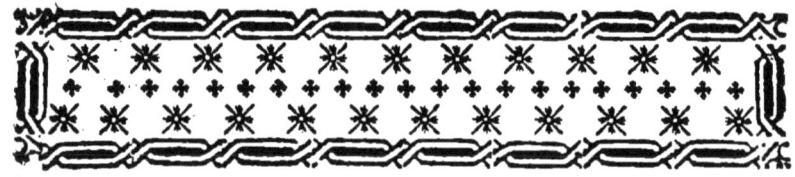

Kurtz-verfaßte Aſtrologiſche Beſchreibung deren vier Jahrs-Zeiten.

Von dem Winter.

NatVræ paX eſt: neqVe præLIa ſæVa qVIesCVnt:
Non ergo LeX eſt. Mars fVrIbVnDe tIbI.

Da die Natur jetzt ruht, ſo rühreſt noch die Waffen;
Wann wirſt dir einmahl Fried, O wilder Kriegs-Gott ſchaffen?

Ir fangen nun abermahlen ein Schalt-Jahr, und zwar das fünfzehende dieſes achtzehenden Sæculi, als ein Jahr von 366. vollkommenen Tägen an, deſſen erſterer Jahres-Theil der verdrüßige Winter ſeinen wahren aſtrologiſchen Eintritt genommen im abgewichenen Jahr den 22ten Tag Chriſtmonats fruhe nach 1. Viertel auf 3. Uhr, wo nemlich die ☉ Sonne in ihrem Abſteigen ihre weiteſte Declination oder Abſtands-Punct von dem Æquatore, nemlich den ſolſtitialiſchen erſten Punct des ſaturniſchen Steinbocks erreichet, und uns den kürtzeſten Tag gebracht hat; Da wir dann nach allen vorkommenden Aſpecten erſehen, daß die Planeten Jupiter, und Venus mit dem zu End ſich einſchleichenden Mercurio als Haupt-Chronocratores in dieſem Winter-Theil zu halten ſeynd; als haben wir uns hierdurch einen mit trockenen und kalten, auch zuweilen mit Schnee wechslenden Januarium, einen gelinden mit heftigen Weſt-Winden wehenden und Schnee-dauenden Februarium, darauf einen trockenen und zu Zeiten windigen Martium zu verſprechen.

Von dem Frühling.

Vere noVo Certas VeLVtI Dant IVgera pLantas:
NatVræ ſeqVItVr ſeMIna qVIsqVe ſVæ.

Zur Frühlings-Zeit ſein Art der Felder-Saamen zeigt;
Wir folgen der Natur, wohin ihr Trieb uns beugt.

Dieſer höchſterwünſchte Jahres-Theil der mit Blühe und Blumen prangende Frühling wird ſeine fröhliche Einkehr neh-

nehmen den 20. Tag Martii frühe um 4. Uhr, als da die immer mehr und mehr auffsteigende ☉ Sonne den æquinoctialischen ersten Punct des martialischen Widders erreichet, und diesen Tag mit der Nacht das erstenmahl in diesem Jahr abgleichet; Gleichwie wir nun aus denen verschiedentlich fürfallenden planetarischen Stell-Veränderungen bemercken können, daß die in sehr kräftigen Dignitäten stehende beyde schön- und hell leuchtende Morgenstern Jupiter und Venus das Frühlings-Regiment führen werden, welche uns also einen Anfangs nassen, darauf aber trockenen und windigen Aprillen, dann einen passierlichen und ohne Frost ablauffenden Mayen, letzlichen einen veränderlichen Junium zu gewarten geben wollen.

Von dem Sommer.

proDVntVr VItes VVIs, Vt frVCtIbVs arbor;
CVr non geſtatIs frVgIbVs arbor hoMo?
Der Weinstock nährt sein Safft, der Baum bringt vor
sein Früchten;
Soll dann nicht auch der Mensch vollbringen seine Pflichten.

Der zeitigmachende Sommer, als der fürnehmste Jahres-Theil, nimmt seinen herrlichen Einzug den 21. Tag Junii frühe nach halb 3. Uhr, da die majestätische ☉ Sonne in ihrem auffsteigenden Lauf an dem Zodiaco ihre weiteste Declination den solstitialischen ersten Punct des lunarischen Krebsen erreichet, und folgsam in dem Tropico Cancri lauffend, uns den längsten Tag, und die kürtzeste Nacht bringet; Bey diesen und mehreren mathematischen Grund-Sätzen sich vor Augen stellet, daß die Planeten Jupiter, Mars, Venus, und Mercurius diesen Sommer hindurch ein gemeinschaftliches Regiment führen werden, wodurch sie dann einen mit Regen, Donner und heftigen Winden wechslenden Julium, Augustum, und Septembr. uns vordeuten, auch gegen den 19. Junium hin unfreundliche Witterung, den 2. Julii, und 10. Septembris gefährliche Kiesel-Stürme betrohen wollen.

Von dem Herbst.

ArrIDente poLo, noſtrâ regIone ſerenâ,
FranCo bIbes potVs neCtarIs, aMbroſIæ.
Wann uns die Sonn bestrahlt, dem Land gut Wetter schafft,
Getröst! so trincken wir ein süssen Götter-Safft:

Dieser vierte, und letztere Jahres-Theil der Herbst wird seinen astronomisch berechneten Anfang nehmen den 12.

Sep-

September. Nachmittag vor halb 4. Uhr, als wo die ☉ Sonne durch ihren neulich angefangenen absteigenden Lauf den æquinoctialischen ersten Punct der venerischen Waag erreichet, und uns hierdurch den Tag mit der Nacht das zweytemahl in diesem Jahr abgleichet. Aus denen sich ergebenden astrologischen Gründen, und Erfahrnussen ist wahrzunehmen, daß die samtliche Planeten Jupiter, Mars, Venus, und Mercurius als dißjährige Herbst-Regenten uns einen Anfangs mit vielem Regen, hernach aber auch mit gutem Weinleß-Wetter anhaltenden October, einen paßierlichen und trockenen November, letzlichen auch einen trockenen, und rauhblästigen December zu vermuthen geben werden.

Von denen dißjährigen Finsternussen.

aVrea non rato phœbI tenebresCet IMago,
aStrIs paLLor erIt, pepLa DIana feret.

Auch Phœbus wird zur Zeit ihr Goldgesicht verhüllen,
Der Monde seine Reis durch Wolcken-Weeg erfüllen.

Im gegenwärtigen Jahr werden sich drey Finsternussen, als eine an der Sonne, und zwey an dem Vollmond begeben, welche uns samtlich sichtbar vorkommen werden. Die erstere fallet für an dem Vollmond den 29. May, deren Mitte wird seyn Nachts bey halb 11. Uhr, wobey der Vollmond kaum etwas über einen halben Zoll in den Erdschatten einrücken wird. Die zwente eine Sonn- oder Erd-Finsternuß ereignet sich den 13. Junii; der Anfang wird sich begeben frühe gleich nach 1. Viertel auf 8. Uhr, das Medium oder die Mitte der grösten Verdunckelung noch vor 1. Viertel auf 9. Uhr, und das Ende oder der Austritt vor 1. Viertel auf 10. Uhr, da wir dann das helle Sonnen-Licht bey siebendhalbe Zoll, also etwaß über die Helfte verdunckelt observiren können. Die dritte beschiehet wiederum an dem Vollmond den 22. Novembris; derer Anfang oder Eintritt in den Erdschatten ist Nachts nach halb 9. Uhr, die gröste Einsenckung nach 3. Viertel auf 10. Uhr, und der Austritt um 1. Uhr, wo uns der Vollmond etwas weniges über die Helfte verdunckelt zu sehen seyn wird.

Von

Von anzuhoffender Fruchtbarkeit.

AVertant sVperI, neV granDo noCIVa Labores
EVertat: feLIX proXIMVs annVs erIt.

O GOtt! laß Kieselstreich nicht wüten auf dem Feld,
Dann ist ja alles gut vors künftig Jahr bestellt.

Gleichwie die erwünschlichst zu gewartende Fruchtbarkeit der lieben Erd-Mutter hauptsächlich unter Göttlichen Seegen auf eine ordentliche und unordentliche Witterung deren vier Jahrs-Zeiten forderist des Frühlings und Sommers ankommet, solche hingegen von denen durch stärckere Bestrahlungen deren Planeten erfolgenden Lust-Veränderungen abhangen will, als müssen wir uns auf die vorhergehende Jahrs-Beschreibungen in etwas zurück wenden. Da wir dann dißfalls ersehen, daß der holdseelige Jupiter (Fortuna major) mit der fruchtbaren Venus (Fortuna minor genannt) den Frühling und Sommer hindurch forderjamst das Regiment führen werden, mithin uns auch eine an sich warme und gedeyliche Witterung, folgsam einen guten Gerath des Heu, Getrayds, und Weinwachses versprechen, um so gewisser, wann die vom 19. biß 23. Junii antrohende unfreundliche schädliche Witterung, dann die den 2. Julii und 10 Septembris zu befahrende gefährliche Kiesel-Stürme der liebe GOtt in allermildesten Gnaden schadloß abwenden wird, und weilen nach der Helfte Octobris annoch andaurende trockene gute und zu der Weinleß bequeme Witterung erfolget, so wird mit dieser nicht zu eilen, sondern biß dahin darmit zurück zu halten vorträglicher seyn.

CONTINUATIO

Denckwürdiger Succession deren Dom-Herren des Hohen Dom-Stiffts zu Wirkburg.

Unter Bischoffen JULIO.

1578. Philippus Heinricus âb Aschausen, resign. 1593.
Valentinus Philippus â Nanckenreuth, resign. 26 Febr. 1590.
1579. Sebastianus Schenck â Stauffenberg, starb 18. Febr. 1626.
Christophorus â Stein, starb 3. May 1604.
Casparus Conradus â Guttenberg, starb 1607.

Joan-

Joannes Chriſtophorus Neuſtetter, dictus Stürmer, ware auch Dom-Herr zu Maynß, und Dom-Probſt zu Bamberg, ſtarb 9. Novemb. 1638.

Wilhelmus Balthaſarus Sliz, dictus Goertz, reſign. 29. Novemb. 1590.

1580. Joannes Petrus à Guttenberg, reſign. 1. Octob. 1588.

Georgius Truchſeſs à Walburg, reſign. 30. Octob. 1582.

1581. Wolffgangus Adolphus à Thann, ſtarb 19. Jan. 1621.

Martinus Laurentius à Mörla, dictus Behem, reſign. 31. Auguſti 1585.

Vitus à Rechberg, reſign. 1593.

1582. Joachimus à Rottenhan, reſign. 3. Auguſti 1588.

Otto Fridericus Schurzbar, dictus Milchling, ſtarb 14. April 1604.

- Ferdinandus Truchſeſs de Wallburg, ſtarb 1585.

1583. Carolus Neuſtetter, dictus Stürmer, reſign. 1585.

Georgius Voit à Rieneck, reſign 10. Junii 1589.

1584. Jodocus à Ried, ware auch Dom-Herr zu Maynß und Bamberg, ſtarb 1. Januar. 1629.

Petrus àb Ehrenberg, reſign. 8. Januar. 1600.

1585. Georgius Neuſtetter, dictus Stürmer, ſtarb 1628.

Sebaſtianus à Reinſtein, reſign. 4. Febr. 1597.

Ferdinandus Dux Bavariæ, wurde Ertz-Biſchoff zu Cölln 1612. ware auch Biſchoff zu Hildesheim, Paderborn, Lüttich, und Münſter, ſtarb 1650.

Richardus Godefridus à Wirsberg, reſign. 1594.

1586. Philippus Dux Bavariæ, ware Biſchoff zu Regenſpurg, ſtarb 18. May 1598.

Julius Petrus Echter à Meſpelbrun, ſtarb 26. Febr. 1595.

1587. Adamus Gros à Trockau, ware auch Dom-Herr zu Bamberg, ſtarb 1609.

Wolffgangus à Thann, ſtarb 25. Decemb 1604.

1588. Wolffgangus à Rabenſtein, ſtarb 4. Januar. 1591.

Georgius à Wiſenthau, ware auch Dom-Herr zu Bamberg, und Dechant zu Comburg, ſtarb 1627.

Julius Ludovicus Echter à Meſpelbrun, ware auch Dom-Herr zu Maynß, und Bamberg, ſtarb 28. April 1609.

Joannes Chriſtophorus àb Elz, ware auch Dom-Herr zu Maynß, und Trier, ſtarb 1612.

1589. Marſilius Godefridus à Leyen, ſtarb 3. Junii 1590.

Hector à Korzau, ware Dom-Dechant zu Bamberg, ſtarb 1619.

Joannes Euſtachius Sliz, dictus Goertz, ſtarb 1599.

Der

Der Hochwürdigfte
Des Heil. Röm. Reichs Fürft und Herr, Herr

Adam Friderich,

Bifchoff zu Bamberg und
Wirtzburg, auch Hertzog zu Francken 2c. 2c.

Aus dem Fürftlich- und Hochgräflichen
Haus deren

Herren von Seinsheim,

Gebohren den 16. Febr. 1708.

Durch einhellige Stimmen erwählet

Zum Bifchoffen zu Bamberg
den 21. Aprilis 1757.

Zum Bifchoffen zu Wirtzburg
den 7. Januar. und confecriret den 15. Junii 1755.

⸻ ⸻ ⸻

InCoLVMIs FrIDerICe regas, ftet patrIa
per te. *

te sIbI nIL tIMeat FranCIs eoa DVCe. *

DICh FÜrften FrIDerICh erhaLte GOtt beY
GnaDen: *

Gantz frIeDreICh feY Das Iahr; erhaLt Vns
ohne SChaDen. *

Das

Das Hohe Dom-Stifft
zu Wirtzburg.

Dom-Probst.

Tit. Herr Johann Philipp Ludwig Ignatius Freyherr von und in Franckenstein, Herr auf Ullstatt und Dornnasenheim rc. deren Kayserl und hohen Dom-Stifftern Bamberg und Wirtzburg respectivè Dom-Probst, und Capitular-Herr, auch Probst zu Wechterswinckel, Hochfürstl. Bamberg- und Wirtzburgischer Geheimer-Rath, dann der Universität zu Wirtzburg Cancellarius perpetuus.

Dom-Dechant.

Tit. Herr Otto Philipp Erhard Ernst Freyherr Groß von und in Trockau, deren Kayserl. und Hohen Dom-Stifftern Bamberg und Wirtzburg respectivè Dom-Dechant, Capitular-Herr und Cantor, Hochfürstl. Bamberg- und Wirtzburg. Geheimer- und Geistlicher Rath, auch Stadthalter zu Wirtzburg, Vicarius in Spiritualibus Generalis, und Geistlich-Bambergischer Regierungs-Præsident.

Capitular-Herren.

Tit. Herr Johann Friderich Carl, des Heil. Röm. Reichs Graf von Ostein, Ertz-Bischoff zu Mayntz, des Heil. Röm. Reichs durch Germanien Ertz-Cantzler und Churfürst, auch Bischoff zu Worms, und des hohen Dom-Stiffts zu Wirtzburg Capitular-Herr, Senior und Jubilæus.

Tit. Herr Johann Godfried Ignatius von Wolffskeel, Herr zu Fuchstadt, Rottenbauer, Ullersheim, und Geroltshausen, des hohen Dom-Stiffts zu Wirtzburg Capitular-Herr und Jubilæus, auch deren beeden Collegiat-Stifftern zu Haug und zum Neuenmünster Probst, Hochfürstl. Wirtzburg. Geheimer-Rath, Hof-Kriegs Raths- und Hof-Cammer-Præsident.

Tit. Herr Johann Frantz Wolffgang Damian, des Heil. Röm. Reichs Graf von Ostein, Herr zu Datschitz, Marquards und Welschau, beeder hohen Dom- und Ritter-Stifftern Wirtzburg und Comburg Capitular-Herr, Jubilæus und Scholasticus, des Ritter-Stiffts zu St. Burchard in Wirtzburg, &

In-

Insignis Collegiatæ Sti Petri in Maynz Probst, Churfürstl:
Mayuzischer auch Hochfürstl. Wirtzburgischer Geheimer-und
Geistlicher-Rath, Oder Amtmann zu Amorbach, Buchen,
Walthürn, Burcken und Seelgenthal

Tit. Herr Carl Philipp Johann Joseph Zobel von Giebel-
statt, des hohen Dom-Stiffts zu Wirtzburg Capitular-
Herr und Jubilæus, Hochfürstl. Wirtzburgischer Geheimer
Rath, Vicarius Generalis, Geistlicher Regierungs- und
Julier-Hospitals-Præsident.

Tit. Herr Wilhelm Udalrich Freyherr von Guttenberg,
beeder Kayserlichen und hohen Dom-Stifftern Bamberg
und Wirtzburg Capitular-Herr und Jubilæus, Hochfürstl.
Bamberg. und Wirtzburg. Geheimer-Rath, und des Collegiat-Stiffts Veteris Capellæ in Regenspurg Probst.

Tit. Herr Johann Philipp Friderich Hartmann Frantz
von Rosenbach, des hohen Dom-Stiffts zu Wirtzburg, und
des Adelichen Ritter-Stiffts Combyrg respective Capitular,
Cantor, und Jubilæus, Hochfürstl. Wirtzburgischer Geheimer-Rath.

Tit. Herr Johann Philipp Christoph Frantz Ignatius Cajetanus von Mauchenheim, genannt Bechtelsheim, beeder
Kayserl. und hohen Dom-Stiffter Bamberg und Wirtzburg
Capitular-Herr, Hochfürstl. Bamberg. und Wirtzburg. Geheimer-Rath, auch Hof-Cammer-Præsident zu Bamberg.

Tit. Herr Conrad Erasmus Sigismund Heso Freyherr
von Reinach, deren Ertz-hohen Dom- und Ritter-Stifftern
Maynz, Wirtzburg, dann S. Ferrutii in Bleydenstadt respective Capitular-Herr, auch Land-Richter des Kayserlichen Land-Gerichts Hertzogthums zu Francken, und der Universität zu Wirtzburg Rector Magnificus.

Tit. Herr Philipp Rudolph Heinrich Joseph von Rothenhahn, des hohen Dom-Stiffts zu Wirtzburg Capitular-Herr,
und des Adelichen Ritter-Stiffts zu Comburg Probst, auch
Hochfürstl. Wirtzburgischer Julier-Universitäts-Recepto-
rats-Præsident.

Tit. Herr Lotharius Frantz Wilhelm von Rothenhahn, beeder Kayserl. und hohen Dom-Stiffter Bamberg und Wirtzburg Capitular-Herr, Hochfürstl. Bamberg. und Wirtzburg.
Geheimer-Rath.

C   Tit.

Tit. Herr Johann Philipp Carl Anton Freyherr von Fechenbach, Herr auf Laudenbach, Sommerau und Roßhof, des hohen Dom-Stiffts zu Wirtzburg Capitular und Cellarius. Seiner Kayserlichen Majestät, und Ihro Churfürstlichen Durchlaucht von Cöllen und Bayern würcklicher Geheimer-Rath, des hohen Ordens S. Georgii, Groß-Creutz- und infulirter Ordens-Probst, auch infulirter Probst zu Landshut, Seiner Hochfürstl. Gnaden zu Wirtzburg würcklicher Geheimer-Rath, und Consiftorial-Præsident, dann bey allgemeiner Reichs-Versammlung zu Regenspurg bevollmächtigter Gesandter.

Tit. Herr Lothari Frantz Melchior Philipp Freyherr von Bettendorff, Herr zu Falckenstein und Niederhoffheim, des Ertz-hohen Dom-Stiffts Mayntz Dom-Custos, deren hohen Dom- und Rittern-Stifftern Wirtzburg Capitular- und Worms Domicellar-Herr, des Ritter-Stiffts S Albani bey Mayntz Custos und Fabric-Meister, Eccles. Colleg. ad S. Joannem Probst, Sr. Churfürstl. Gnaden zu Mayntz, wie auch Er. Hochfürstl. Gnaden zu Wirtzburg Geheimer-Rath.

Tit. Herr Johann Frantz Xaverius Fidelis Freyherr von Sickingen, deren Kayserl. und hohen Dom-Stifftern Bamberg, Wirtzburg und Speyer Capitular-Herr.

Tit. Herr Johann Jacob Frantz des Heil. Röm. Reichs Graf und Edler Herr von und zu Eltz, genannt Faust von Stromberg, deren hohen Dom-Stifftern Wirtzburg, Speyer urd Bruchsal Capitular-Herr.

Tit. Herr Ferdinand Christoph Peter Freyherr von Sickingen, deren hohen Dom- und Ritter-Stifftern Wirtzburg, Worms, und Comburg Capitular auch respectivè Custos und Cantor, Hochfürstl. Wirtzburg. Geheimer-Rath, und weltlicher Regierungs-Præsident.

Tit. Herr Philipp Anton Christoph Ernst Freyherr von Guttenberg, beeder hohen Dom- und Ritter-Stifftern Wirtzburg und Comburg Capitular-Herr, des Hochfürstl. Wirtzburgischen Policey-Gerichts des Oberen-Raths-Præsident.

Tit. Herr Wilhelm Jacob zu Rhein, deren hohen Dom-Stifftern Wirtzburg, Worms und Bruchsal Capitular, respectivè Cantor und Scholasticus, auch Vicarius in Spiritualibus Generalis zu Worms.

Tit.

Tit. Herr Maximilian Johann Jacob Freyherr von Stickingen, deren hohen Dom- und Ritter-Stifftern Wirtzburg, und S. Albani in Mayntz, respectivè Capitular-Herr.

Tit. Herr Carl Friderich Wilhelm Freyherr von Erthal zu Leutzendorff, deren Ertz- und hohen Dom-Stifftern Mayntz, Bamberg und Wirtzburg, respectivè Capitular-Herr, auch Hochfürstl. Witzburg. Geistlicher Regierungs-Præsident.

Tit. Herr Lotharius Frantz Philipp Carl Heinrich Freyherr von Greiffenclau zu Vollraths, deren hohen Dom- und Ritter-Stifftern Witzburg und Comburg respectivè Capitular-Herr, zu S. Alban bey Mayntz Probst, und Herr zu Bodenheim, auch Hochfürstl. Wirtzburg. weltlicher Regierungs-Præsident.

Tit. Herr Johann Joseph Heinrich Ernst von Würtzburg, deren Kayserl. und hohen Dom-Stifftern Bamberg und Wirtzburg, dann des Adelichen Ritter-Stiffts ad St. Burchardum dahier respectivè Capitular-Herr.

* Tit. Herr Carl Dieterich Joseph Freyherr von Guttenberg, beeder Kayserl. und hohen Dom-Stiffter Bamberg und Wirtzburg Capitular-Herr.

General-Capituls-Tág.

Duo Peremptoria Majora.

Den 1. Februarii, Tags vor Mariæ-Lichtmeß.
Den 7 Julii, Tags vor S. Kiliani. Fallt aber auf diese beyde Täg ein Sonntag, so ist der Capituls-Tag den Samstag zuvor.

Duo Peremptoria Minora.

Den 22 Februarii, auf Petri Stublfeyer.
Den 3. Augusti, auf Stephani Erfindung.

Festa Episcopalia.

Cœnæ Domini.　　　Resurrectionis D. N. J. C.
Pentecostes.　　　S Kiliani & Sociorum.
S. Martini Episcopi.　　Nativitatis D. N. J. C.

Festa Decanalia.

Epiphaniæ.
Ascensionis Domini.
Corporis Christi.
Assumption. B. M. Virg.
Purificationis B. M. Virg.
SS. Trinitatis.
Dedicationis Ecclesiæ.
Omnium Sanctorum.
S. Andreæ.

Festa Canonicorum.

Circumcisionis D. N. J. C.
SS. Philippi & Jacobi.
Nativitatis S. Joannis Bapt.
Visitationis B. M. Virg.
S. Laurentii.
S. Michaëlis Archangeli.
Præsentationis B. M. Virg.
Annuntiationis B. M. Virg.
S. Brunonis Episcopi Wirceb.
SS. Petri & Pauli.
Octavæ S. Kiliani.
Nativitatis B. M. Virg.
S. Burchardi Episc. Wirceb.
Conceptionis B. M. Virg.

Domicellar-Herren.

Hr. Christoph Frantz Philipp Veit Georg von Würtzburg.

Hr. Lotharius Frantz, des Heil. Röm. Reichs Graf von Ingelheim, genannt Echter vou Mespelbrunn, auch zu Maynz Capitular.

Hr. Johann Carl Anton, des H. R. R. Graf von Stadion und Thannhausen, auch zu Trier, Costantz und Speyer respectivè Capitular, dann Probst ad gradus B. M. Virginis zu Maynz.

Hr. Frantz Ludwig Carl von und zu Erthal, auch zu Bamberg Capitular, Hochfürstl. Wirtzburg. würcklicher Hof-Rath.

Hr. Friderich Carl Ernst Gottfrid Marquard Hugo, Freyherr von Guttenberg.

Hr. Johann Philipp Carl, des Heil. Röm. Reichs Graf von Stadion und Thannhausen, auch zu Maynz und Bamberg Capitular.

Hr. Christoph Frantz Amand Veit Christian Daniel von Buseck, auch zu Bamberg Capitular.

Hr. Frantz Anton Henrich Wilhelm Freyherr von Hettersdorff.

Hr.

Hr. Chriſtoph Adolph Carl, des Heil. Röm. Reichs Graf
von Ingelheim, genannt Echter von Meſpelbrunn, auch
zu Trier Domicellar, Hochfürſtl. Wirtzburg. Hof-Rath
und Camner-Herr.

Hr. Johann Frantz Schenck Freyherr von Stauffenberg,
auch zu Regenſpurg Domicellar.

Hr. Philipp Theodor Sigismund von Erthal zu Leutzendorff, zu Worms und Ellwangen, dann des Adelichen Ritter-Stiffts zu Comburg Capitular, Hochfürſtl. Wirtzburg.
Geheimer-Rath.

Hr. Philipp Wilhelm Frantz Ferdinand von Hutten zu Stoltzenberg, auch zu Comburg Domicellar.

Hr. Philipp Frantz Johann Adolph Chriſtoph Friderich Zobel von Giebelſtatt.

Hr. Lotharius Ludwig Anton Freyherr von und zu Auſſeß.

Hr. Johann Godfrid Lothari Frantz Freyherr von Greiffenclau zu Vollraths, auch zu Comburg Domicellar.

Hr. Heinrich Carl Wilhelm von Rothenhau.

Hr. Wilhelm Johann Friderich Philipp Freyherr von Sickingen, auch zu Bamberg Domicellar.

Hr. Philipp Carl Frantz Georg Heinrich Johann Nepomuc,
des H. R. R. Graf von Oſtein, auch deren Ertz und hohen Dom-Stifftern Mayntz und Trier, dann des Ritter-
Stiffts S. Albani in Mayntz Domicellar.

Hr. Philipp Godfrid Amand Johann Carl Adalbert Zobel
von Giebelſtatt.

Hr. Friderich Carl von Schaumberg.

Hr. Carl Theodor Anton Maria Cämmerer von Worms
Freyherr von Dahlberg, auch zu Maentz Domicellar.

Hr. Frantz Xaveri Dominicus Freyherr von Hornſtein.

Hr. Frantz Erwin Carl Caſpar des H. R. Reichs Graf von
der Leyen zu Hohen-Geroltzeck, auch zu Trier und Bamberg Domicellar.

Hr. Carl Frantz Philipp Valentin Freyherr von Franckenſtein zu Ochſtadt, des Ertz-hohen Dom-Stiffts Mayntz
Capitular-Herr und Ertz-Prieſter.

Hr. Wilhelm Jacob Beatus Joſeph zu Rhein.

Hr. Frantz Carl Maria Caſimir Johann Nepomuc Freyherr
von Bibra.

Hr.

Hr. Philipp Anton Carl Frantz Ignatz Johann Nepomuc Freyherr von Fechenbach, auch des Ritter - Stiffts St. Albani in Maynz Domicellar.

Hr. Anselm Philipp Friderich Freyherr von und in Trockau, auch zu Eichstädt und S. Burchard dahier Domicellar.

Hr. Georg Carl Ignatz Johann Nepomuc Freyherr von Fechenbach.

30. Vacat.

Des Hohen Dom-Stiffts Vicarii.

1. Hr. Petrus Paulus Contzen, Sub-Custos & Senior.
2. Hr. Johann Adam Valentin Jäger, Dominicalis Major.
3. Hr. Johann Benedict Anton Metzger, Succentor, Hochfürstl. Wirtzburg. Vicariats - und Consistorii Assessor.
4. Hr. Georg Weckmann.
5. Hr. Johann Joseph Greissing.
6. Hr. Johann Richard Staud.
7. Hr. Johann Georg Marian Schffner.
8. Hr. Andreas Geißler.
9. Hr. Johann Sebastian Lamser, Senior.
10. Hr. Johann Adam Lamser, Junior
11. Hr. Joseph Melchior Bott, Thesaurarius.
12. Hr. Friderich Carl Anton Betz.
13. Hr. David Beschel, Succentor & Rector Chori Music.
14. Hr. Carl Heinrich Kilian.
15. Hr. Johann Lorentz Krafft, Dominicalis Major.
16. Hr. Johann Ignatz Stang.
17. Hr. Johann Easter.
18. Hr. Joh. Leopold Jseltus.
19. Hr. Gallus Michael Ulsamer, Dominicalis Minor.
20. Hr. Georg Adam Scheiner.
21. Hr. Johann Benedict Ignatz Timler.
22. Hr. Andr. Joseph Werner, Dominicalis Minor.
23. Hr. Joh. Adam Seuffert.
24. Hr. Alexander Horn.
25. Hr. Johann Friderich Weidner.
26. Hr Johann Georg Busch.
27. Hr. Xaveri Michael Theuerkauffer.
28. Hr Phil. Hartmann Heß.
29* Hr. Gallus Henrich Jäger.
30. * Hr. Joseph Drexel.

Des

Des Hohen Dom-Stiffts Syndicus,

Tit. Herr Georg Frrderich Zehner, deren beeden Rechten Doctor, Hochfürstl. Wirtzburgischer Geheimer-Rath und Juden-Amtmann, des hohen Dom-Stiffts Syndicus, und Sub-Cellarius, dann der hohen Dom-Probstey Consulent.

Officianten in der Stadt Wirtzburg,
nach dem Alphabeth.

Hr. Frantz Ludwig Anding, Prædicatur, und Neuerer Vogtey-Verwalter, auch des Kayserl. Landgerichts-Consulent.

* Hr. Jonas Philipp Appelius, Præsenz-Meister.

Hr. Johann Blumm, weltlicher Receptor, Guttenbergisch, und Zoblischer Stifftungs-Verwalter.

Hr. Johann Michael Bür, Dom-Probstey-Regiſtrator.

Hr. Frantz Joseph Hertzing, Præbendarius.

Hr. Abraham Heſſemer, Bau-Schreiber.

Hr. Johann Philipp Xaverius Krieg, Dom-Probstey-Amtmann, und des Stadt-Raths.

Hr. Johann Joseph Michael Laudensack, Ornat-Verwalter, und des Stadt-Raths.

Hr. Nicolaus Jacob Liebler, Geiſtlicher Receptor, auch Hochfürſtl. Regierungs-Regiſtrator, und des Stadt-Raths.

Hr. Johann Andreas Nickels, Pforten-Amtmann, J.U.L. Hochfürstl. Hof-Cammer-Rath, Notar. Apoſt. & Cæsar.

Hr. Hiacinth Adam Otto, Ohley-Amtmann, auch Hochfürſtl. Hof-Cammer-Rath.

Hr. Johann Adam Schirmer, Dom-Capitul. Regiſtrator, Not. Apoſt. & Cæſ. und des Stadt-Raths.

Hr. Johann Nicolaus Thomann, Dietricher Spithal-Verwalter, auch Hochfürſtl. Hof-Cammer-Rath, und des Stadt-Raths.

Officianten auf dem Land nach Alphabetischer Ordnung deren Dom-Capitulischen ....

Braunspach.   Hr. Bartholomäus Molitor, Keller.

Eivel.

Eivelſtadt.
Hr. Frantz Martin Köpp, Keller zu Eivelſtadt, Randersacker und Theilheim.
Hr. Johann Joseph Raabſchenckel, Stadt-Schreiber.

Euſſenheim und Aſchfeld.
Hr. Joſeph Stevert Keller und Zollbereiter.
Nicolaus Schmitt, Guldens, Zöllner zu Euſſenheim.
Kilian Rüth, Guldens-Zöllner zu Aſchfeld.

Frickenhauſen.
Keller, vid. Ochſenfurt.
Hr. Georg Jſidor Dieterich, Schultheiß.
Hr. Marx Volckmuth, Raths-Schreiber.

Graffen-Rheinfeld. und Röblein.
Hr. Joſeph Godefrid Pfaff, Amts-Vogt.
Hr. Ignatz Raab, Amts- und Gegen Schreiber.
Jörg Weivert, Schultheiß.
Johann Michael Braun, Reſier-Jäger.

Ochſenfurt. Stadt.
Hr. Joh. Carl Roßhirt, Stadt-Schultheiß. Centgraf und Keller zu Frickenhauſen.
Hr. Johann Georg Hoffmann, Dom-Probſten-Keller.
Hr. Johann Caspar Joseph Germersheim, Beneficiat-Verwalter.
Hr. Georg Sigmund Höhn, Stadt- und Centſchreiber.

Klein-Ochſenfurt. Keller, vid. Ochſenfurt.

Randersacker.
Keller, vid. Eivelſtadt.
Hr. Joh. Michael Fidèle, Bergmeiſter und Guttenbergiſcher Stiftungs Inspector.
Hr. Barthel Härdel, Raths-Schreiber.

Rettſtatt.
Hr. Johann Wilhelm Mihlon, Ober-Schultheiß.
Hr. Johann Edmund Alphons Schath, Guldens-Zöllner, Not. Cæſareus.

Stetten.
Ober-Schultheiß daſelbſt, vid. Rettſtatt.
Chriſtoph Dehn, Zöllner allda.

Sultzdorff. Johann Adam Wirſching, Schultheiß.

Theilheim, und Weſtheim.
Keller, vid. Eivelſtadt.
Johann Adam Schott, Schultheiß.
Kilian Schloßnagel, Förſter.

Wil-

Wissannheim und { Hr. Andreas Sprencke, Keller.
Tieffenstockheim. { Johann Caspar Dorsch, Schultheiß.
Zeubelrieth. Veit Lösch, Schultheiß.

In Hochstifftischen und anderen Orten.

Euerndorff. Hr. Georg Anton Balbus, Keller.
Marckseinsheim. Hr Joachim Rothmund, Ober-Schultheiß.
Sulßfeld am Mayn. Hr. Joh. Michael Ad. Schmitt, Keller.
Hr. Janaß Adam Hornig, Bergmeister allda.
Volckach. Hr. Georg Andreas Steinhäuser, Keller.
Ebern. Hr. Jacob Heinrich Faulhaber, Dom-Probsten-
Casiner, auch Amts-Stadt-Cent-Gegen-und Zunfft-
Schreiber, dann Ober Acciser allda.
Marckbibart. Hr. Joh. Georg Behringer, Zehent-Inspector.
Seßlach. Hr. Carl Anton Marck, Dom-Probstey-Castner
auch Hochfürstl. Centgraf, Stadt-u. Amts-Gegenschreiber.
Waigoltshausen. Hr. Johann Valentin Hereth, Lehen und
Zehent-Inspector.

Dom-Capitl. Balbus-Zöllner: {
Wirtzburg. Johann Hoffmann, Zoll-Inspector.
Carlburg. Conrad Schmitt.
Carlstatt. Joseph Schmitt.
Erlabrunn. Johann Heinrich Eckard.
Gambach. Georg Schmidt.
Himmelstadt. Johann Michael Eyermann.
Laudenbach. Johann Adam Diehl.
Marqetshöchheim. Johann Caspar Oehrlein.
Mühlbach. Johann Georg Bergmüller.
Retzbach. Georg Mildenberger.
Rohrbach. Michel Breidenbach.
Thüngersheim. Christoph Vornberger.
Veitshöchheim. Johann Anton Reintel.
Wiesenfeld. Joh. Heinrich Fleischmann, Zehent-Inspect.
Zell. Joseph Fasel.

Dom-Kirchnere.

Phil. Hormann, Ober-Kirchner. | Johann Andreas Agricola,
Alexander Longnehaye, Ober- | Unter-Kirchner.
Kirchner. | Johann Octavian Agricola,
Dionysius Martin, Fraterni- | Dom-Pfarrey-Kirchner.
täts-Kirchner.

Geist-

Geistlicher Staat

Des

Fürstlichen Hohen Stiffts
Wirtzburg.

Suffraganeus.

Tit. Herr Daniel Johann Anton von Gehsattel, Bischoff zu Siga, Sr. Hochfürstl. Gnaden zu Wirtzburg Suffraganeus, Vicarius in Pontificalibus Generalis, Hochfürstl. Bamberg. und Wirtzburgischer Geheimer- und Geistlicher Rath, des Adelichen Ritter-Stiffts ad S. Burchardum in Wirtzburg Canonicus Capitularis & Custos.

Hochfürstl. Geistliche Regierung.

Præsidenten.

Tit. Herr Carl Philipp Johann Joseph Zobel, von Giebelstatt rc. tot. tit. vid. pag. 3.

Tit. Herr Carl Friderich Wilhelm Freyherr von Erthal zu Leutzendorff rc. tot. tit. vid. pag. 5.

Geheime- und Geistliche Räthe.

Tit. Hr. Johann Frantz Wolffgang Damian, des H. Röm. Reichs Graf von Ostein rc. tot. tit. vid. pag. 2.

Hr. Christoph Frantz Zobel von Giebelstatt, Hochfürstl. Wirtzburgischer Geistlicher Rath, des Adelichen Ritter-Stiffts ad S. Burchardum Canonicus Capitularis und Cantor.

Hr. Michael Joseph Armbruster, der H. Schrifft Doctor, Hochfürstl. Wirtzburgischer Geheimer- und Geistl. Rath, auch Librorum Censor, des Collegiat-Stiffts Neumünster Canonicus Capitularis, und Scholastious.

Hr.

Hr. Caspar Arnold Baum, der H. Schrifft Doctor, Hochfürstlich-Wirtzburgischer Geheimer- und Geistlicher Rath, auch
Fiscal, Vicariats- und Consistorii Assessor, und des Collegiat-Stiffts zu Haug Canonicus Capitularis und
Prediger.

Hr. Johann Philipp Lanius, beeder Rechten Doctor, Proto-
notarius Apostolicus, Comes Palatinus, Hochfürstl. Bam-
berg- und Wirtzburgischer respective Geheimer- und Geistlicher Rath, des Vicariat- und Ehe-Gerichts, dann des
Policey-Gericht des Oberen Raths Assessor, des Collegiat-Stiffts zu Haug Canonicus Capitularis, Scholasticus und Jubilæus.

Hr. Johann Michael Anton Wentzel, beeder Rechten Doct.
der Heil. Schrifft Baccalaureus, Hochfürstl. Wirtzburgischer Geistlicher Rath und Hof-Caplan, auch Edel-Kna-
ben Hofmeister, des Collegiat-Stiffts Neumünster Canonicus Capitularis.

Hr. Frantz Barthel Werner, beeder Rechten Doctor, Hochfürstl. Wirtzburg. Geistlicher Rath, des Collegiat-Stiffts
zu Haug Canonicus Capitularis.

Hr. Johann Martin Voit, der Heil. Schrifft Doct. Hochfürstl. Wirtzburg. Geistlicher Rath, des Collegiat-Stiffts
Neumünster Canonicus Capitularis.

Hr. Frantz Kilian Heger, Hochfürstl. Wirtzburg. Geistlicher
Rath und Hof-Caplan, des Collegiat-Stiffts Neumünster Custos und Canonicus Capitularis.

Hr. Georg Adam Hueber, Protonot. Apostolicus, Hochfürstl.
Wirtzburg. Geistlicher Rath, Vicariats- und Consistorii
Assessor, des Collegiat-Stiffts zu Haug Canonicus Capi-
tularis

Hr. Adrianus Julius Rosentretter, beeder Rechten Doctor,
der Heil. Schrifft Baccalaureus, Hochfürstl. Wirtzburgischer Geistlicher Rath, auch des Seminarii ad S. Kilianum
Regens.

Hr. Johann Ignatz Hertz, Protonot. Apostolicus, Hochfürstl.
Wirtzburg. Geistlicher Rath, Vicariats- und Consistorii Assessor, des Collegiat-Stiffts zu Haug Canonicus Capitularis und Revisor.

Hr.

Hr. Johann Kilian Vornberger, der H. Schrifft Doct. Hochfürstl. Wirtzburg. Geistlicher Rath und Dom-Pfarrer.

Hr. Johann Andreas Brand, der H. Schrifft und beeder
Rechten Doctor, Hochfürstl. Wirtzburg. Geistlicher Rath,
und Fiscalats Substitutus, des Collegiat-Stiffts zu Haug
Canonicus, und Julier-Universitäts-Bibliothecarius.

Hr. Lotharius Eberhard Becker, der H. Schrifft Doctor,
Hochfürstl. Wirtzburg. Geistlicher Rath, Vorsteher und
Pfarrer des Julier-Hospitals.

Hr. Johann Georg König, U. J. L. Hochfürstl. Wirtzburgisch.
Geistlicher Rath, auch Pfarrer zu Burggrumbach

Hr. Johann Bernard de Battris, beeder Rechten Doctor,
Hochfürstl. Wirtzburg. Geistlicher Rath, Hof Rath, Vi-
cariats- und Consistorii Assessor, auch Geistlicher Raths-
Secretarius.

Officianten.

Hr. Johann Georg Ley, beeder Rechten Doctor, Comes
Pal. Cæsar. des Kayserlichen Land-Gerichts-Consulent,
Geistlicher Raths-Secretarius, und Hochfürstl. Edel-Kna-
ben Repetitor Jurium.

Hr. Heinrich Anton Probst, Geistlicher Raths-Registrator.

Hr. Georg Michael Hofstetter, Fiscalats-Receptor.

Hr. Georg Christoph Peter, Rechnungs-Revisor, dann der
Hochfürstl. Guttenbergischen Milden-Stifftungs-und des
Hochfürstl. Domûs DD. Emeritorum Verwalter, und
Vicariatûs & Consistorii Advocatus vide bey Hochfürstl.
Stadt-Rath.

Hr. Johann Jacob Degen, Cantzlist.

Hr. Georg Michael Hofstetter, Cantzlist. vid. supra.

Geistliche Raths-Diener.

Johann Georg Ringelmann.
Johann Geiger.

Die Sessiones seynd Wochentlich am Montag, Mittwochen, und Freytag, wann kein Feyertag einfallet, und fangen frühe um halb 9. Uhr an.

Hoch-

Hochfürstlich-Wirtzburgisch-Vicariat,
und Confiſtorium.
Præſidenten.

Tit. Hr. Carl Philipp Jo- | Tit. Hr. Johann Philipp
hann Joſeph Zobel von | Carl Anton Freyherr von
Giebelſtatt, Vicarius Ge- | Fechenbach, Officialis Con-
neralis tot. tit. vid. pag. 3. | ſiſtorii, tot. tit. vid. pag 4.

Aſſeſſores Statûs Eccleſiaſtici.

Hr. Caſpar Arnold Baum, vid. pag. 13.
Hr. Johann Philipp Lanius, vid. pag. 13.
Hr. Johann Ignatz Hertz, vid. pag. 13.
Hr. Georg Adam Hueber, vid. pag. 13.
Hr. Jacob Chriſtoph Haus, der H. Schrifft Doctor, vid.
  pag. 30.
Hr. Johann Benedict Anton Metzger, vid. pag. 8.
Hr. Johann Georg Seitz, vid. pag. 21.
* Hr. Nicolaus Ignaz Kales, vid. pag. 24.

Aſſeſſores Statûs Sæcularis.

Hr. Johann Wilhelm Ebenhöch, beeder Rechten Licent. Co-
mes Palat. Cæſar. Hochfürſtl. Wirtzburg. Geheimer-Rath.
Hr. Chriſtian Frantz Joſeph Landmann, Hochfürſtl. Wirtz-
burg. Hof-Rath, Univerſitäts-Syndicus & Bibliothecarius.
Hr. Johann Lorentz Ignatius Kurtz, Hochfürſtl. Wirtzburgi-
ſcher Amts-Keller zu Münnerſtatt.
Hr. Johann Bernard de Battis, vid pag. 14.
Hr. Johann Carl Metz, des Kayſerl. Land-Gerichts-Conſu-
lent, bey Hochfürſtl. Weltlicher Regierung Fiſcal, und
Malefiz-Amts Secretarius.
Hr. Friderich Georg Hermann Joſeph Ebenhöch, beeder Rech-
ten Licent. des Collegiat-Stiffts Neumünſter Syndicus,
Hochfürſtilich-Wirtzburgiſcher Stadt-Rath, und Stadt-
Syndicus.
Hr. Johann Ignatius Papius, Hochfürſtl. Wirtzburg. Amts-
Keller zu Arnſtein.
Hr. Frantz Anton Brand, des Kayſerl. Land-Gerichts Con-
ſulent, auch Hochfürſtl. Wirtzburgiſcher Stadt-Saal-und
Brucken-Gerichts-Aſſeſſor, Advocatus & Procurator bey
Hochfürſtilich-Wirtzburg. Regierung.   Hr.

Hr. Johann Anton Friderich Großgebauer, Hochfürstlich-
Wirtzburgischer Hof-Rath, auch Stadt- und Ober-
Auditor.

Hr. Johann Philipp Papius, J. U. L. Comes Palat. Cæsar.
Affeffor und Secretarius, auch Hochfürstlich-Wirtzburgischer Stadt-Rath.

Beede Pedellen.

Johann Simon Oſtermeyer.
Joſeph Anton Scheuerer.

Die ordinari Gerichts-Seſſiones Conſiſtorii ſeynd auf
Dienſtag und Samſtag, des Vicariats aber auf Mittwochen,
deren Anfang von 8. biß 11. auch 12. Uhr.

Geiſtliche Stiffter
Des Hohen Stiffts Wirtzburg.
Nach Alphabetiſcher Ordnung.

Adeliches Ritter-Stifft ad S. Burchardum.

Probſt, Tit. Herr Johann Frantz Wolffgang Damian, des
H Röm. Reichs Graf von Oſtein, tot. tit pag. 2.
Dechant, Tit. Herr Hartmann Wilhelm Frantz von Mau-
chenheim genannt Bechtelsheim, Senior, des Hohen Dom-
Stiffts zu Hildesheim Canonicus Capitularis, und Archi-
Diaconus in Wallenſee.

Capitulares.

Hr. Hugo Philipp, Freyherr von Breidbach zu Burresheim,
des Adelichen Ritter-Stiffts ad S Albanum bey Mayntz,
und des Collegiat-Stiffts ad S. Petrum zu Fritzlar Capitularis.
Hr. Daniel Johann Anton von Gebſattel, Cuſtos, Epiſco-
pus Sigeniis & Suffragan. Herbipol. tot. tit. vid. pag. 12.

Hr.

Hr. Christoph Frantz Zobel von Giebelstadt, Cantor, Hochfürstlich. Wirtzburgischer Geistl. Rath, vid. pag. 12.

Hr. Constantin Anton Philipp Freyherr von Grü-
nestein, Scholasticus, des Adelichen Ritter-Stiffts ad
S. Albanum und Collegiat-Stiffts ad gradus B. M. V.
zu Mayntz Canonicus Capitularis.

Hr. Johann Damian Carl, Freyherr Booß von Waldeck.

Hr. Frantz Theodor Mohr von Wald, des hohen Dom-
Stiffts zu Worms Dom-Dechant, auch des Ritter-
Stiffts zu Wimpffen im Thal Dechant, Hochfürstlich,
Wormsischer Geheimer-Rath, Regierungs-Præsident,
und Statthalter.

Hr. Johann Carl Joseph Horneck von Weinheim, des Kayserl.
hohen Dom-Stiffts zu Bamberg Domicellar.

* Hr. Philipp Ernst Heinrich Carl Antoni Leonard Voit
von Saltzburg, auch des Kayserl. hohen Dom-Stiffts
zu Bamberg Capitularis, Hochfürstl. Bambergischer weltlicher Regierungs-Præsident.

Domicellares.

Hr. Johann Joseph Heinrich Ernst von Würtzburg, tot. tit
vid. pag. 5.

Hr. Frantz Heinrich Benedict Alexi Freyherr von und zu And-
lau, des hohen Dom-Stiffts zu Eichstätt Domicellar.

Hr. Adolph Anselm Carl Godfrid von Hettersdorff.

Hr. Anselm Philipp Friderich Freyherr Groß von und in
Trockau, vid. pag. 8.

Hr. Joseph Carl Georg von Hutten zu Stoltzenberg, des
Kayserlichen hohen Dom-Stiffts zu Bamberg Domicellar.

Hr. Lothari Augustin Daniel von Gebsattel.

Hr. Philipp Carl Friderich Freyherr Specht von Buben-
heim, des Ertz-hohen Dom-Stiffts zu Mayntz Domicellar.

Hr. Theodor Hartmann Werner Christoph Marquard Joseph Freyherr von Bibra.

* Hr. Johann Philipp Christoph Frantz Ignatz Cajetan von
Mauchenheim genannt Bechtelsheim, tot. tit. vid. pag. 3.

Vicarii.

Vicarii.

1. * Hr. Adam Georg Degen, der Heil. Schrifft Baccalaureus, Pfarrer zu S. Burchard, und Hof-Spithals Subcustos.
2. Hr. Johann Conrad Veit Caspar Eckard, Senior.
3. Hr. Johann Ober, Succentor.
4. Hr. Joh. Caspar Stephan.
5. Hr. Tobias Kihn, Dominicalis.
6. Hr. Caspar Halbig.
7. Hr. Johann Georg Jäglein.
8. Hr. Johann Sebastian Eglauch, Dominicalis.
9. Hr. Franz Wilhelm Kappler.
10. Hr. Ludwig Kreutzer.
11. Hr. Johann Georg Rauch.
12. * Hr. Johann Georg Popp.

Kirchner, Gallus Werner.

Ritter-Stiffts Syndicus und Consulent.

Hr. Joseph Corneli von Habermann, Hochfürstl. Wirtzburgischer würcklicher Geheimer-Rath und Lehen-Probst.

Officianten.

Hr. Johann Joseph Huber, Amtmann im Ruckermann.
Hr. Johann Philipp Raab, Keller- und Præsenz-Meister, auch Vicarey-Verwalter.
Hr. Johann Georg Popp, Casiner zu Ochsenfurt.
Hr. Johann Anton Wenzel, Not Cæs. Publ. Ober-Förster.
Valentin Schöneck, Unter-Förster.
Ernst Butzler, Ritter-Stiffts-Jäger.

Adeliches Ritter-Stifft Comburg.

Probst, Tit. Herr Philipp Rudolph Heinrich Joseph von Rothenhahn. vid. pag. 3.
Dechant, Tit. Herr Johann Philipp Henrich Freyherr von Erthal, Senior, des Fürstl. Stiffts zu Ellwangen Capitular-Herr, Churfürstl. Maynzischer auch Hochfürstl. Wirtzburgischer Geheimer-Rath.

Capi-

Capitulares.

Hr. Johann Frantz Wolffgang Damian, Graf von Ostein ꝛc. vid. pag. 2.

Hr. Philipp Adolph Wilhelm von Hettersdorff, Custos, deren Ertz- und hohen Dom-Stiffter Mayntz und Speyer Capitular, des Collegiat-Stiffts ad S. Victorem zu Mayntz Dechant.

Hr. Ferdinand Christoph Peter, Freyherr von Sickingen vid pag. 4.

Hr. Adalbert Philipp von Hutten zu Stoltzenberg, Cantor, des Kayserl. hohen Dom-Stiffts zu Bamberg Capitular.

Hr. Philipp Anton Christoph Ernst, Freyherr von Guttenberg, vid. pag. 4.

Hr. Philipp Theodor Sigismund von Erthal zu Leutzendorff vid. pag. 7.

Peremptorial-Capitul.

Montag nach Sanctissimæ Trinitatis.

Domicellares.

1. Hr. Johann Philipp Friderich Hartmann Frantz von Rosenbach, vid. pag. 3.
2. Hr. Philipp Wilhelm Frantz Ferdinand von Hutten zu Stoltzenberg.
3. Hr. Lotharius Frantz Philipp Carl Heinrich, Freyherr von Greiffenclau zu Vollraths, vid. pag. 5.
4. Hr. Johann Godefried Lothari Frantz, Freyherr von Greiffenclau zu Vollraths, vid. pag. 7.

Vicarii.

1. Hr. Johann Lorentz Herbert, Senior, Succentor und Organist.
2. Hr. Conrad Knittel, Sub-Custos & Præsentiarius.
3. Hr. Johann Zacharias Valentin Prodsch.
4. Hr. Johann Innocentius Nicles, Bibliothecarius.
5. Hr. Ciriac. Godfrid Klein.
6. Hr. Joh. Michael Decker.
7. Hr. Joh. Georg Knöpfflein.
8. Hr. Johann Adam Hippelius.
9. Hr. Johann Adam Bühler, Rector Chori.
10. Hr. Joh. Baptista Manger.
11. Hr. Joh. Caspar Sontag.
12. Vacat.

Kirchner, Frantz Georg Raab.

Des

Des Adelichen Ritter-Stiffts Comburg
eingehörige Catholische Pfarreyen.

Hr. Caspar Knittel, Stiffts-Prediger und Pfarrer zu Steinbach.

Hr. Johann David Franck, Pfarrer zu Gebsattel.

Hr. Johann Joseph Nuß, Pfarrer zu grossen Almerspann.

Hr. Jacob Seber, Pfarrer zu Hausen an der Roth.

Räthe und Officianten.

Syndicus, Hr. Daniel Ferdinand Hardt, J. U. L. auch des Hochfürstl. Stiffts Ellwangen Hof-Rath und Syndicus.

Hr. Johann Andreas Vogt, J. U. L. Cantzley-Rath, Not. Cæsar. Publ.

Hr. Johann Michael Ahlen, Ober-Vogt.

Hr. Johann Andreas Trenner, Amtmann zu Gebsattel.

Hr. Johann Adam Faust, Rath und Amtmann zu Cuntzelsau.

Hr. Augustin Oßwald Kleiner, Commissarius, Centhgraf, und Hochfürstl. Wirtzburgischer Verwalter zu Burleswaag, Not. Apost. & Cæs. Publ.

Hr. Johann Heinrich Sonntag, Casiner und Spithal-Verwalter.

Hr. Joh. Michael Ludwig Wachter, Verwalter zu Weinsperg.

Hr. Joseph Anton Rudolph, Forstmeister.

Hr. Frantz Michael Geigis, Cantzlist.

Hr. Johann Adam Brösiler, Cantzlist.

Johann Georg Angele, Bauschreiber.

Sebastian Rüger, Cantzley-Diener.

Joseph Schmieg, Kosthalter.

Johann Adam Ziegler, Amts-Schultheiß zu Gebsattel.

Cantzley-Session, Wochentlich Dienstag und Freytag, so kein Feyertag einfallet.

Collegiat-Stifft ad utrumque Ss. Joannem in Haugis.

Probst, Tit. Hr. Johann Gottfried Ignatius von Wolffskeel, tot. tit. vid. pag. 2.

Dechant,

Dechant, Tit. Hr. Johann Caspar Barthel, S. T. & U.
J. D. Ss. Canonum Profeſſor Publ. & Ord. des Colle-
giat-Stiffts zu Haug, Dechant, Hochfürſtl Wirtzburg.
Geheimer- und Geiſtlicher Rath, auch der Univerſität zu
Wirtzburg Pro-Cancellarius, vid. bey Hochfürſtl. Julier-
Univerſität.

Capitulares.

Hr. Johann Ignatius Pfenning, U. J. D. Cantor, Senior,
und Jubilæus.

Hr. Johann Philipp Lanius, U. J. D. Scholaſticus & Jubilæus, Protonorarius Apoſtol. Com. Palat. vide pag. 13.

Hr. Ignatius Frantz Erbermann, Jubilæus.

Hr. Philipp Erneſt Zecher, Cuſtos und Jubilæus.

Hr. Frantz Jacob Horneck.

Hr. Frantz Barthel Werner, U. J. D. Amtmann zu Acholtz-
hauſen, vid. pag. 13.

Hr. Johann Janatz Hertz, Protonot. Apoſtol. Reviſor, auch
Burck- und Ornat-Amtmann, vid. pag. 13.

Hr. Johann Georg Heinrich Großgebauer.

Hr. Caſpar Arnold Baum, S. T. D. Prædicator, vid. pag. 13.

Hr. Carl Wilhelm Rautenſtrauch, Regiſtrator.

Hr. Joſeph Clemens von Speckmann.

Hr. Martin Frantz Fortunatus Langen, Unter-Probſt.

Hr. Johann Adam Frantz Walter.

Hr. Jodocus Heinrich Großgebauer.

Hr. Georg Adam Hueber, Protonot. Apoſt. vid. pag. 13.

Hr. Jacobus Antonius Wachter.

Hr. Johann Georg Seitz, U. J. L. vid. pag. 15.

Domicellares.

Hr. Conrad Placidus Golbach.

Hr. Aegidi Valentin Felix von Löhr.

Hr. Peter Philipp Sundermahler.

Hr. Joſeph Clemens Hermann von Speckmann.

Hr. Johann Andreas Brand, Ss. Th. & U. J. D. vide
pag. 14.

Hr. Philipp Erutſt Laudensack.

Vicarii.

Vicarii.

1. * Hr. Michael Reulbach, auch Pfarrer zu Haug.
2. Hr. Johann Adam Balbus.
3. Hr. Erhard Stössel, Succentor.
4. Hr. Johann Philipp Burchard.
5. Hr. Andreas Eglauch, Succentor Prim. Sub-Custos & Ceremoniarius, ac in Universitate Wirceburg. Cantûs Choralis Instruct.
6. Hr. Johann Michael Bür, Dominicalis.
7. Hr. Frantz Alexander Fischer.
8. Hr. Heinrich John.
9. Hr. Frantz Joseph Metzger.
10. Hr. Antonius Michael Hellein, Rect. Chori Music.
11. Hr. Hieronymus Godefrid Knochenhauer, Dominical.
12. Hr. Georg Stephan Wilhelmi.

Kirchnere.

Philipp Brunner.   Conrad Eberhard Lohr.

Officianten.

Hr. Caspar Theodor Alffs, Syndicus, Hochfürstl. Stadt-Gerichts Assessor, auch Hof- und Land-Gerichts Advocatus und Procurator.

Hr. Johann Georg Zurwesten, Probstey-Amtmann.

Hr. Georg Philipp Jenum, Keller und Fraternitäts-Verwalter, auch des Hochfürstl. Stadt-Gerichts Assessor.

Hr. Johann Georg Schwartz, Obley- und Procurazey-Verwalter.

Hr. Balthasar Scheuer, Vicarey-Amts- und Himmels-Cronen-Verwalter.

Hr. Georg Adam Rees, Præsenz-Meister.

Hr. Frantz Aeneas Gegenbaur, Keller zu Ochsenfurt.

Hr. Ignatius Bruno Siedler, Kastner und Pfarrer zu Sultzthal.

Hr. Joh. Georg Prätor, Kastner und Pfarrer zu Schonungen.

Hr. Frantz Michael Stöhr, Kastner zu Hammelburg.

Adam Höffer, Jäger zu Acholtshausen.
N. Stauder, Jäger zu Veresbach.

Colle-

Collegiat - Stifft ad S. Joannem Evangelistam zum Neuen - Münster.

Probst, Tit. Hr. Johann Godfried Ignatius von Wolffs-keel, tot. tit. vid. pag. 2.

Dechant, Tit. Hr. Philipp Valentin Frieß, der H. Schrifft Doct. Hochfürstl. Wirtzburg. Geistlicher Rath, des Collegiat-Stiffts ad S. Joannem Evangelistam in Neuen-Münster Dechant.

Capitulares.

Hr. Johann Michael Joseph Armbruster, der H. Schrifft Doctor, Senior & Scholasticus, vide pag. 12.

Hr. Johann Philipp Horn, Cantor, und des Policey-Gerichts oder Ober-Raths Assessor.

Hr. Frantz Kilian Heger, Custos, vide pag. 13.

Hr. Rudolph Caspar Joseph Gantzhorn, Revisor und Unter-Probst.

Hr. Philipp Frantz Gantzhorn, Thesaurarius, Revisor und Feldherr.

Hr. Johann Adam Ebenhöch.

Hr. Ignatz Christoph Langen.

Hr. Johann Martin Voit, vide pag. 13.

Hr. Johann Andreas Christoph Armbruster, J. U. Lic.

Hr. Henrich Ignatz Christian von Brauns, der H. Schrifft Doctor.

Hr. Georg Adam Jacob Starck, Cellarius.

Hr. Johann Kießner.

Hr. Johann Caspar Horn.

Hr. Johann Caspar Anton Sick, J. U. Doctor.

Hr. Johann Michael Anton Wentzel, vide pag. 13.

Domicellares.

Hr. Gallus Ignatz Joseph Hauck.

Hr. Joseph Heinrich Rudolph Sauer.

Hr. Frantz Georg Liborius Bohländer.

Hr. Johann Bernard Wilhelm Werner.

Hr. Laurentius Antonius Anding.

Hr. Joseph Eustachius Anton Philipp Pröstler.

Hr. Valentin Frantz Stanislaus Neumann.

Hr.

Hr. Peter Frantz Remaclus Gett.
Hr. Nicolaus Jgnatz Kales, vid. pag. 15.
Hr. Gregorius Joseph Fortunat Langen.

Vicarii.

1. Hr. Johann Michael Herbst, Senior.
2. Hr. Georg Frantz Katzenberger, Succentor.
3. Hr. Johann Philipp Caspar Fischer, Rect. Chori Music.
4. Hr. Joh. Wolffgang Jgnatz Preitung.
5. Hr. Xaverius Michael Theuerkauffer, Succentor & Sub-Custos.
6. Hr. Jacob Krug.
7. Hr. Matthäus Dür, Ceremoniarius.
8. Hr. Georg Martin Burchard Pfantzert.
9. Hr. Johann Hartung.
10. Hr. Johann Adam Mann.
11. Hr. Joh. Adam Schenck.
12. Vacat.

Kirchnere.

Leopold Graßmeyer.   Johann Michael Neeb.

Officianten.

Hr. Friderich Georg Hermann Joseph Ebenhöch, Syndicus, vide pag 15.
Hr. Benignus Christoph Weigand, Keller.
Hr. Georg Anton Lechner, Procurazey-Verwalter.
Hr Johann Lurentz Straub, Præsenz-Meister und Vicarey-Verwalter
Hr. Johann Georg Schultz, Registrator.
Hr Felix Jgnatz Stoß, Keller zu Marckelsheim.
Hr. Joseph Christoph Weigand, Castner zu Carlstadt.
Hr. Joh. Melchior Schmidt, Obley-Verwalter zu Zellingen.
Hr. Georg Andreas Brummer, Kellermeister zu Elpersheim.

Pfarreyen in der Fürstl. Residentz-Stadt Wirtzburg.

Hr. Johann Kilian Vornberger, Dom-Pfarrer, vid. pag. 14.
Hr. Michael Reulbach, Pfarrer zu Haug, vide pag. 22.

Hr.

Hr. Heinrich Joseph Staubach, der Heil. Schrifft Doctor, Pfarrer zu S. Peter.

Hr. Johann Paul Lehrieder, Pfarrer ad S. Gertrudem in Pleichach.

Hr. Adam Georg Degen, Pfarrer zu St. Burckard, vide pag. 18.

Hr. Johann Andreas Grißling, Pfarrer auf dem Schloß Marienberg.

Prälaten, Pröbste,

Und

Vorstehere deren Abteyen, Canonien, und anderen Clöstern im Hoch-Stifft Wirtzburg.

Tit. Hr. Hieronymus Heldt, Abt des Closters Ebrach, Cistercienser-Ordens.

   * R. P. Constantinus Eyerich, Prior.

Tit. Hr. Romanus Röinscheid, Abt des Closters ad S. Stephanum in Wirtzburg, Ord. S. Benedicti.

   R. P. Josephus Sutor, Prior.

Tit. Hr. Gregorius Stumm, Abt des Closters Banß, Ord. S. Benedicti.

   R. P. Placidus Hubmann, Prior.

Tit. Hr. Christophorus Balbus, Abt des Closters Münster-Schwartzach, Ord. S. Benedicti.

   R. P. Benedictus Gürsching, Prior.

Tit. Hr. Bonifacius Geßner, Abt des Closters Bildhausen, Cistercienser-Ordens.

   * R. P. Michaël Pöllmann, Prior.

Tit. Hr. Placidus Reich, Abt des Closters Neustadt, Ord. S. Benedicti.

   * R. P. Æmilianus Hönninger, Prior.

Tit. Hr. Gregorius Heicher, Abt des Closters Theres, Ord. S. Benedicti.

   R. P. Henricus Fuchs, Prior.

         Tit.

Tit. Hr. Placidus Hamilton de Boghead, Abt derer Schotten ad S. Jacobum in Wirtzburg, Ord. S. Benedicti

Prioratus vacat.

Tit. Hr. Ambrosius Balbus, Abt des Closters Bronnbach,
Cistercienser-Ordens.

R. P. Engelbertus Burcard, Prior.

Tit. Hr. Angelus Münch, Abt des Closters Schönthal, Ci-
ster-ienser-Ordens.

*R. P. Philippus Wagner, Prior.

Tit. Hr. Oswaldus Loschart, Abt des Closters Ober-Zell
und Gerlachsheim, Prämonstratenser-Ordens.

R. P. Laurentius Wolbach, Prior in Ober-Zell.

R. P. Aquilinus Schäffner, Prior in Gerlachsheim.

Tit. Hr. Franciscus Schreiber, Probst des Closters Heydenfeld, Ord. Canon. Regul.

R. P. Philippus Kuhn, Decanus.

Tit. Hr. Ambrosius Disch, Probst des Closters Tüleffenstein,
Ord. Canon. Regularium.

R. P. Andreas Reud, Decanus.

Tit. Hr. Richardus Traub, Probst des Jungfräulichen Closters Unter-Zell, Prämonstratenser-Ordens.

Nach Alphabetischer Ordnung deren Ordens-Geistlichen.

Augustiner in Wirtzburg.

Prior. R. P. Josephus Göß, Ss. Theologiæ Doctor.
Sub-Prior. R. P. Cæsarius Staugenberger.

In Münnerstadt.

Prior. R. P. Eustachius Röhriq.
Sub-Prior. R. P. Albertus Scheuering.

Carmeliter ad S. Barbaram in Wirtzburg.

Prior. R. P. Clemens à S. Columbano.
Sub-Prior. *R. P. Liborius à S. Margaretha.

In Neustadt.

Prior R. P. Engelbertus à S. Francisca.
Sub-Prior. R. P. Columbanu à S. Paulo.

Carme-

Carmeliter Discalceaten des Reuerer Closters in Wirtzburg.

Prior. R. P. Anselmus à S. Albano.
Sub-Prior. R. P. Aloysius à Puero JEsu.

Carthauß in Wirtzburg ad Hortum Ss. Angelorum.

Prior R. P. Josephus Urlaub.
Vicarius. R. P. Bernardus Schäffer.

Carthauß in Astheim ad Pontem Mariæ.

Prior. R P. Franciscus Mayer.
Vicarius. R P. Hieronymus Koppler.

Carthauß in Dückelhausen ad Cellam Salutis.

Prior. R P. Hieronymus Krafft.
Vicarius. R. P Bruno N.

Carthauß in Grünau ad novam Cellam.

Prior. R. P. Josephus Sigerst.
Vicarius. R. P. Augustinus Fleischmann.

Carthauß in Jlmbach ad Hortum Mariæ.

Prior. R. P. Anthelmus Wildinger, Convisitator.
Vicarius. * R. P. N. Volland.

Collegium Societ. JEsu in Wirtzburg.

Rector. R. P. Michael Stumpff.
Minister. * R. P. Paulus Sanz.

Dominicaner in Wirtzburg.

Prior. * R. P. Godefridus Stapff.
Sub-Prior. * R. P. Hermannus Josephus Schreyern.

Ordinis S. Francisci Conventualen ad S. Crucem in Wirtzburg.

Guardianus. * R. P. Gabriel Onymus.
Vicarius. * R. P. Valentinus Eckert.

In Schönau.

Superior. * R. P. Victorius Hoinbeck.

Ordinis S. Francisci Recollecten in Dettelbach.

Guardianus. * R. P. Tranquillinus Dosl.
Vicarius. R. P. Cæcilius Wich.
Superior ad S. Magdalenam, * R. P. Albinus Rauch.

Auf

Auf dem Heil. Creutz-Berg.
Guardianus. * R. P. Euctarius Schuberth.
Vicarius. * R. P. Abundantius Wolffsteiner.

Ordinis FF. MM. S. Francisci Capucinorum in Wirtzburg.
Guardianus. *R. P. Dionysius.
Vicarius. * R. P. Candidus.
Superior auf dem Nicolai-Berg. *R. P. Colonatus.

In Buchen.
Guardianus. * R. P. Pius.
Vicarius. R. P. Eustachius.

In Carlstadt.
Guardianus. R. P. Wenceslaus.
Vicarius. R. P. Casimirus.

In Comburg.
Guardianus. *R. P. Cæsarius.
Vicarius. * R. P. Narcissus.

In Höchstadt.
Guardianus. * R. P. Engelhardus.
Vicarius. *R. P. Hartmannus.

In Kitzingen.
Guardianus. R. P. Irenæus.
Vicarius. * R. P. Fulgentius.

In Königshoffen im Grabfeld.
Guardianus. *R. P. Placidus.
Vicarius. R. P. Archangelus.

In Mergenthal.
Guardianus. * R P. Oswaldus.
Vicarius. *R. P. Gervasius.

In Neckarsulm.
Guardianus. * R. P. Emericus.
Vicarius. R. P. Ignatius

In Ochsenfurt.
Guardianus. R. P. Pacificus, Ex-Provincialis.
Vicarius. * R. P. Ernestus.

Abtißi-

Abtißinen und Superiorißinen

Im

Hoch-Stifft Wirtzburg.

Adeliches Dames-Stifft ad S. Annam in Wirtzburg.

Tit. Frau Eva Theresia Philippina, gebohrne Reichs-Gräfin von Schönborn, Abtißin.

Stiffts-Dames.
- Amalia, Gräfin von Fuchs.
- Elisabetha, Fräulein von Hutten.
- Charlotta, Fräulein von Bechtelsheim.
- Susanna, Fräulein von Wolffskeel.
- Ernestina, Fräulein von Würtzburg.
- Josepha, Fräulein von Bechtelsheim.
- Philippina, Fräulein von Boineburg.

Director Chori. Hr. Christian Friderich Groß, der Heil. Schrifft Doctor, Protonot. Apostol.

Damen-Stiffts-Verwalter. Hr. Frantz Paul Greißling.

Frau Maria Scholastica Geiglin, Abtißin des Closters ad S. Affram in Wirtzburg, Ord. S. Benedicti.
Fr. Rosa Bottin, Priorin.
Verwalter allda. Hr. Johann Caspar Mötzel.

Frau Maria Innocentia Grumbachin, Abtißin des Closters Himmelspforten, Cistercienser-Ordens.
* Fr. Antonia Oesterreicherin, Priorin.
Verwalter daselbst. * Hr. Bartholomäus Ruckard.

Frau Ludwina Schildtin, Priorin des Closters Unter-Zell, Prämonstratenser-Ordens.
Fr. Clara de Hein, Sub-Priorin.

* Frau Alberta Ullerichin, Priorin des Closters zu St. Marx in Wirtzburg, Ord. S. Dominici.
Fr. Maria Dominica Reibeltin. Sub-Priorin.

M. Marie

M. Marie Françoise Therese des Anges, née de Trauttenberg, Superieure de la Congregation de Ste Ursule à Kizing.

M. Marie Caroline des Jesus, née de Harstal, Assistante à Kizing.

M. Anne Susanne de S. Fortunat, née Balbus, Superieure de la même Congregation à Wircebourg.

M. Marie Catherine de Notre Dame, née Molitor, Assistante à Wircebourg.

Seminarium S. Kiliani, Land-Dechaneyen, und Rural-Capitula im Hoch-Stifft Wirtzburg.

Hr. Adrianus Julius Rosentretter, der beyden Rechten Doctor, und der H. Schrifft Baccalaureus, Seminarii Regens, vide pag. 13.

Hr. Damian Godefrid Günther, der H. Schrifft und beeder Rechten Doctor, Seminarii Sub-Regens.

Hr. Jacob Christoph Haus, der H. Schrifft Doctor, Hochfürstl. Wirtzburg. Vicariats und Consistorii Assessor, Sr Hochfürstl. Gnaden Hof Caplan, deren Adelichen Knaben in Seminario Hofmeister und allda Oeconomus.

Alumni Nobiles in Seminario.

Hr. Godefridus Ægidius von und zu Gilsa.

Hr. Christianus Josephus von Waldenfels.

Hr. Fridericus von Diemar.

Hr. Franciscus Antonius von Häußlein zu Eussenheim.

Hr. Carolus Philippus Baron von Lettenborn.

Hr. Philippus Ernestus von Warnsdorff.

Hr. Eustachius Baron von Bubenhofen.

Hr. Augustinus Baron von Gebsattel, Domicellar ad S. Burchardum.

Hr. Benedictus Baron von Redwitz.

Hr. Carolus Philippus Baron von Münster.

Hr. Hartmannus Theodoricus Baron von Bibra, Domicellar ad S. Burchardum.

Hr. Carolus Fridericus von Berschwarb.

Hr. Carolus Franciscus Baron von Schaumberg.

Hr. Fridericus Augustus Baron von Bibra.　　　　Hr.

Hr. Ludovicus Conradus Baron von Löhrbach.
Hr. Hugo Ludovicus Baron von Boineburg.
Hr Fridericus Baron von Karg.
Hr. Carolus Baron von Forstmeister.
Hr. Adolph § Carolus von Warnsdorff.
Hr. Georgius Fridericus Baron von Ostheim.

Land-Dechaneyen und Pfarreyen.

Rural-Capitul Arnstein.

Hr. Georg Henrich Ament, Dechant und Pfarrer zu Euerndorff.

Eingehörige Pfarreyen.

Arnstein, Hr. Johaan Joseph Strauberger.
Aura, Hr. Sebastian Cajetan Simon.
Beinsgesaug, Hr. Johaua Heinrich Scherpff.
Binnefeld, Hr. Johann Adam Schropp.
Brebersdorff, Hr. Johann Wehner.
Büchold, * Hr. Tobias Barthel Schmitt.
Bühler, Hr. Johann Philipp Borberger.
Burckhausen, Hr. Pancrätz Horn.
Cranischatz, Hr. Anton Nicviaus Jsiug.
Elfershausen, Hr. Johann Carl Ignatz Salver.
Fuchstadt, Hr. Valentin Ament.
Gainheim, * Hr. Joseph Paulus Hayn.
Greßthal, Hr. Johann Sigismund Kilian.
Hundsbach, Hr. Johann Aegidius Röllinger.
Langendorff, Hr. Laurentius Joseph Glückstein.
Mildesheim, Hr. Johann Wolffgang Willert.
Oberthulb, Hr. Joseph Ignatz Hohmann.
Ramsthal, * Hr. Johann Sebastian Fey.
Schwebenried, Hr. Georg Keßler.
Sultzthal, Hr. Johann Ignatz Bruno Siedler.

Rural-Capitul Buchheim.

Hr. Johann Lorentz Wirschem, Dechant und Pfarrer zu Buchheim.

Eingehörige Pfarreyen.

Ballenberg, Hr. Johann Frantz Joseph Schmitt.
Berolzheim, Hr. Thomas Friderich Merdel.

Bil-

Billigheim, Hr. Winandus Joseph Asion.
Bretzingen, Hr. Johann Christoph Martin Leist.
Freudenberg, Hr. Johann Heinrich Germershausen.
Gerichstetten, Hr. Johann Bernard Kempff.
Gißigheim, Hr. Johann Caspar Hornung.
Hardheim, Hr. Johann Gallus Ignatius Jacob.
Höpffingen, Hr. Johann Michael Fuchßlager.
Hüngenheim, Vacat.
Ober-Wittstadt, Hr. Augustin Haber.
Osterburckheim, Hr. Frantz Anton Henchen.
Pülferingen, Hr. Johann Balthasar Schnurr.
Rosenberg, Vacat.
Schweinberg, Hr. Johann Andres Albert.
Waldmühlbach, Hr. Johann Philipp Boos.
Waldstetten, * Hr. Frantz Barthel Hermann.
Windischbuch, Hr. Georg Carl Müller.

Rural-Capitul Bühlerthan.

Hr. Alexius Ignatz Uhl, Dechant und Pfarrer zu Bühlerthan.

Eingehörige Pfarreyen.

Almerspann, Hr. Johann Joseph Nuß.
Bühlerzell, Hr. Carl Ferdinand Rommel.
Hausen ad Rhodam, Hr. Jacob Sebert.
Hohenberg, Hr. Johann Gregori Erhard.
Jagstzell, Hr. Johann Joseph Auerschmaltz.
Lustenau, Hr. Frantz Johann Geißler.
Steinbach, Hr. Johann Caspar Knittel.
Stümpfach, Hr. Joseph Anton Weiß.

Rural-Capitul Carlstadt.

Hr. Matthäus Groß, Dechant und Pfarrer zu Zellingen.

Eingehörige Pfarreyen.

Aschfeld, Hr. Johann Adam Kuhn.
Birckenfeld, Hr. Johann Endres.
Carlburg, Hr. Frantz Nicolaus Mühlich.

Carl-

Carlſtadt, { Hr. Philipp Anton Buchmann, S. T. D.
{ Hr. Johann Philipp Wendel, Frühemeſſer.
Carsbach, Hr. Moritz Ignatz Schmidthäuſer.
Erlabrunn, Hr. Andreas Warth.
Erlenbach, Hr. Anton Gabriel Sartorius.
Euſſenheim, Hr. Georg Bernard Höpffner.
Gemünden, Hr. Johann Jacob Botzenhard.
Gößenheim, Hr. Frantz Anton Pfiſter.
Greuſſenheim, Hr. Georg Andreas Vogel.
Haſenlohr, Hr. Johann Seyling.
Helmſtadt, Hr. Johann Andreas Schmidt.
Heydenfeld, Hr. Friderich Zacharias Albrecht.
Himmelſtadt, Hr. Johann Philipp Rüger.
Hoffſtetten, Hr. Johann Joſeph Hartmann.
Holtzkirchen, Hr. Lucas Vornberger.
Laudenbach, Hr. Frantz Caſpar Sauer.
Leinach, Hr. Johann Ludwig Limburg.
Lengfurt, * Hr. Johann Laurentius Großjacob.
Margetshöchheim, * Hr. Frantz Caſpar Schneeweiß.
Mühlbach, Hr. Johann Michael Höffling.
Neubrunn, Hr. Johann Georg Alberth.
Oberſinn, Hr. Johann Hartung.
Rottenfels, Hr. Johann Jacob Pfiſter.
Steinfeld, Hr. Johann Michael Barthel.
Stetten, Hr. Peter Joſeph Lanius.
Thüngersheim, Hr. Johann Anton Hauß.
Urſpringen, Hr. Anton Godfried Sell.
Wenckheim, Hr. Jonas Breitung.
Wernfeld, Hr. Caſpar Rudolph Rüdel.
Wieſenfeld, Hr. Johann Georg Weber.
Wolffsmünſter, Hr. Benedict Chriſtoph Demar.

Rural-Capitul Crautheim.

Hr. Johann Kempff, Dechant und Pfarrer in Ober-Ginsbach.

Eingehörige Pfarreyen.

Ailrungen, Hr. Johann Weber, O. T. P.
Ammerichshauſen, Hr. Andreas Bumm.
Aßmanſtadt, Hr. Johann Valentin Kuhn.

Clepe

Clepsheim, Hr. Johann Adam Franckenberg.

Crautheim, { Hr. Arnold Krug.
{ Hr. Joseph Reimmer, Fruhemesser.

Jagsberg, * Hr. Andreas Segeritz.

Marlach, Hr. Georg Metzger.

Mulfingen, Hr. Frantz Joseph Rosenecker.

Nagelsperg, Hr. Frantz Keim.

Rengershausen, Hr. Georg Lorentz Metzger, O. T. P.

Sindeldorff, Hr. Johann Adam Fleischmann, S. T. D.

Wintzenhofen, Hr. Johann Valentin Schoembs.

Rural-Capitul Dettelbach.

Hr. Frantz Degen, Dechant uud Pfarrer zu Berchtheim.

Eingehörige Pfarreyen.

Bergrheinfeld, Hr. Bernard Schmid.

Bibelried, Hr. Peter Reding.

Burggrumbach, Hr. Johann Georg König, J. U. L. Hochfürstlich Wirtzburg. Geistlicher Rath, vid. pag. 14.

Dettelbach, * Hr. Johann Conrad Leemann.

Dippach, { Hr. Caspar Beyer.
{ Hr. Johann Philipp Hellmuth, Emeritus.

Eivelstadt, { Hr. Johann Martin Koberstein.
{ Hr. Valentin Rauschert, Fruhemesser.

Escherndorff, Hr. Georg Adam Höpffner.

Esleben, Hr. Johann Georg Fischer.

Estenfeld, Hr. Philipp Michael Hammerschmitt.

Ettleben, Hr Johann Michael Bucher.

Euerfeld, Hr. Ambrosius Eßig.

Fahr, Hr. Johann Adam Lindiger.

Gerbruun, * Hr. Burchard Rupp.

Graveurheinfeld, { Hr. Johaun Lorentz Hartmann.
{ Hr. Adam Conrad Behr, Fruhemesser.

Hergoltshausen, Hr. Ernst Alexander Wang.

Hirschfeld, Hr. Conrad Horn.

Kitzingen, { Hr. Anton Friderich.
{ Hr. Andreas Bucholb, des Jungfräulichen
{ Ursuliner-Closters daselbst Director.
{ Hr. Johann Adam Meyler, Fruhemesser.

Kürnach,

Kürnach, Hr. Johann Caspar Heim.
Randersacker, Hr. Georg Joseph Fromm,
Rimpar, Hr. Georg Philipp Ulrich.
Rottendorff, * Hr. Georg Philipp Krämer.

Sultzfeld am Mayn, { Hr. Adam Huppmann.
{ Hr. Joseph Caspar Klüpffel, Frühemesser.

Schlebenried, Hr. Georg Drescher.
Schwanfeld, Hr. Johann Georg Gutwill.
Thälheim, Hr. Johann Nicolaus Krieg.
Versbach, Hr. Johann Balthasar Deppisch.
Unter-Eussenheim, Hr. Johann Caspar Englert.
Zeutzleben, Hr. Johann Adam Holtzapffel.

Rural-Capitul Ebern.

Hr. Johann Adam Reulbach, Dechant und Pfarrer zu Ebern.

Eingehörige Pfarreyen.

Altenbantz, Hr. Johann Adam Saalmüller.
Autenhausen, * Hr. Johann Philipp Krauß.
Banuach, { Hr. Joachim Christoph Jacob.
{ Hr. Otto Friderich Johannes, Paroch. emeritus.
Düringstadt, Hr. Johann Georg Wahl.
Gemeinfeld, Hr. Johann Adam Benninger.
Gereuth, Hr. Johann Joseph Ullrich.
Goßmansdorff, Hr. Johann Barthol. Heimb.
Graitz, { Hr. Friderich Otto Sebelmaner.
{ Hr. Georg Geyer, Paroch. Emeritus.
Hoffheim, Hr. Andreas Agricola.
Jesserndorff, * Hr. Johann Nicolaus Heinlein.
Kaltenbrunn, Hr. Johann Jacob Eichler.
Kirchlauter, Hr. Johann Sigismund Rüttenauer.
Mürßbach, Hr. Peter Adam Seidel.
Pfarrweißbach, Hr. Valentin Stapff.
Radelsdorff, Hr. Jacob Christoph Jäger.
Seßlach, Hr. Theodor Huseman.
Zeulen, Hr. Martin Hofman.

E   Rural-

Rural-Capitul Gerolßhoffen.

Hr. Joseph Wolpert, Dechant und Pfarrer zu Haßfurth.
Hr. Johann Georg Gerbig, Frühemesser.

Eingehörige Pfarreyen.

Astheim, Hr. Johann Geiß.
Colitzheim, Hr. Conrad Starck.
Dinckelshausen, Hr. Johann Thomas Stumpff.
Donnersdorff, Hr. Johann Georg Beyer.
Eltmann, Hr. Johann Klumpff.
Falckenstein, Hr. Andreas Bernard Kleylein.
Franckenwinheim, Hr. Johann Caspar Wagner.
Gerolßhoffen, Hr. Johann Georg Linder.
Geubach, Hr. Michael Joseph Dotzel.
Snetzgau, Hr. Johann Albert.
Gretlstadt, Hr. Johann Heinrich Roche.
Limbach, Hr. Johann Peter Englert.
Ober-Euerheim, Hr. Johann Aegidi Krönig.
Ober-Heyd, * Hr. Anton Nicolaus Loschert.
Ober-Schleichach, Hr. Johann Rausch.
Ober-Schwartzach, Hr. Johann Christoph Schweinshaut.
Ober-Volckach, Hr. Johann Georg Barthelme.
Prappach, Hr. Andreas Stürmer.
Prisendorf, Hr. Joseph Stöhr.
Prölßdorff, * Hr. Johann Nicolaus Knortz.
Stettfeld, Hr. Frantz Schultz.
Trunstadt, Hr. Martin Marckard.
Unter-Steinbach, Hr. Valentin Drescher.

Volckach, { Hr. Georg Philipp Vogel.
{ Hr. Georg Valent. Joseph Münch, Frühemesser.
{ Hr. Johann Valentin Köberlein, Beneficiat.

Westheim, Hr. Veit Theodor Katzenberger.
Zeil, Hr. Georg Adam Biertempffel.
Zell unter Ebersberg, Hr. Johann Peter Söhnlein.

Rural-Capitul Jphoffen.

Hr. Johann Christoph Wittmann, Dechant und Pfarrer
zu Jphoffen.

Einge-

Eingehörige Pfarreyen.

Altmanshausen, Hr. Pancratz Kuhn.

Dornheim, * Hr. Johann Albert Nusser.

Grossen-Langheim, Hr. Johann Adam Lutz.

Herboltzheim, Hr. Matthäus Werthmüller.

Hüttenheim, Hr. Kilian Welz.

Marcksensheim, Hr. Matthäus Frick.

Rödelsee, Hr. Martin Andreas Dürr.

Rodheim, Hr. Gallus Gantz.

Stadt-Schwartzach, Hr. Philipp Joseph Wiener.

Sondernau, Hr. Peter Augustin Haußner, O. T. P.

Ulstadt, Hr. Johann Fischer.

Wiesentheid, Hr. Johann Gerhard Rottmann.

Willantzheim, Hr. Joseph Michael Fidéle.

Rural-Capitul Mellerichstadt.

Hr. Georg Wilhelm Roßhirt, Dechant und Pfarrer zu
Mellerichstadt.

Hr. Aquilinus Reich, Frühemesser.

Eingehörige Pfarreyen.

Alsleben, Hr. Johann Michael Reuß.

Bischoffsheim, Hr. Johann Michael Joseph Bauer.

Breitensee, * Hr. Johann Georg Bengraf.

Bondorff, Hr. Friderich Buchold.

Burgwaldbach, Hr. Johann Andreas Streit.

Evershausen, Hr. Georg Michael Metzel.

Eusenhausen, Hr. Peter Schnedler.

Fladungen, Hr. Johann Massel.

Frickenhausen, Hr. Johann Caspar Röhrig.

Grossenbardorff, Hr. Johann Georg Zirckel, S. T. D.

Grosseneybstatt, Hr. Valentin Weydenbusch.

Hendingen, Hr. Joseph Ignatz Kirsinger.

Herbstatt, Hr. Nicolaus Reirschert.

Hilders, Hr. Johann Bernard Stapff.

Kleinbardorff, Hr. Johann Michael Braun.

Kleinsassen, Hr. Thomas Heß.

Königshoffen, Hr. Eucharius Simon.

Mittelstrey, Hr. Johann Caspar Ziegler.

Nordheim, Hr. Johann Pauli.
Oberbach, Hr. Johann Georg Reuß.
Ober-Elßbach, Hr. Johann Englert.
Ober-Fladungen, * Hr. Frantz Martin Höffling.
Oberstrey, Hr. Johann Jacob Witter.
Reulbach, * Hr. Johann Reuß.
Simmershausen, Hr. Johann Valentin Schultheiß.
Sternberg, Hr. Johann Caspar Weidenbusch.
Stockheim, Hr. Johann Valentin Hartmann.
Sultzfeld, Hr. Ludwig Hertzog.
Trappstadt, Hr. Johann Peter Kiel.
Unter-Elßbach, Hr. Johann Philipp Herget.
Unter-Eßfeld, Hr. Philipp Engel.
Wegfurth, Hr. Johann Michael Poppenberger.
Wechterswinckel, Hr. Johann Georg Hartung.
Weißbach, Hr. Johann Walter.
Wolffmannshausen, Hr. Johann Adam Dreisch.
Wüstensachsen, Hr. Johann Erwinus Klingenhuber.

Rural-Capitul Mergentheim.

* Hr. Nicolaus Geisel, Dechant und Pfarrer zu Lauda.
Hr. Johann Faber, Frühmesser.

Eingehörige Pfarreyen.

Bieberehren, Hr. Johann Georg Schlimbach.
Böttigheim, Hr. Michael Linck.
Vorberg, Hr. Johann Michael Ignatz Weigand.
Cuprichhausen, Hr. Johann Jacob Schürer.
Distelhausen, Hr. Ludwig Marian Sauerland.
Dietigheim, ⎰ Hr. Johann Anton Schott.
⎱ Hr. Johann Andres Ignatz Hoffmann, Frühemesser.
Gebsattel, Hr. Johann David Franck.
Gerchsheim, Hr. Johann Michael Fischer.
Grünßfeld, * Hr. Andreas Kleberich.
Heckfeld, Hr. Johann Carl Velda.
Igersheim, Hr. Johann Krämer.
Ilmspan, Hr. Andreas Obel.
Impfingen, Hr. Joseph Michael Kuchenmeister.

Lauden-

Laudenbach an der Vorbach, Hr. Andreas Michael Ludwig.

Marckelsheim, { Hr. Caspar Rammes.
{ Hr. Godefrid Christoph Kraut, Frühemesser.

Mergentheim, Hr. Johann Michael Enderlein, O. T. P.

Oberbalbach, * Hr. Johann Georg Kellermann.

Deßfeld, Hr. Johann Adam Hoffmann.

Roth, Hr. Johann Erasmus Franck.

Stuppach, * Hr. Balthasar Diller.

Tauberrettersheim, Hr. Johann Michael Heyd.

Unterbalbach, Hr. Georg Sigmund Kern.

Unterschüpff, * Hr. Michael Wohlfromb.

Rural-Capitul Münnerstadt.

Hr. Johann Molitor, Dechant und Pfarrer zu Kißingen.

Eingehörige Pfarreyen.

Altenmünster, Hr. Philipp Leonard Götz.

Arnshausen, Hr. Joseph Andreas Dechant.

Bastheim, Hr. Johann Adam Kleim.

Birnfeld, Hr. Johann Bernard Stumpff.

Bremich, Hr. Johann Georg Korb.

Burckardroth, Hr. Johann Caspar Saar.

Dundorff, Hr. Sebastian Bullinger.

Ebenhausen, Hr. Johann Georg Geiß.

Ebersbach, * Hr. Johann Geory Marckard.

Ebertshausen, Hr. Johann Georg Hindelang.

Eydhausen, Hr. Johann Rudolph Greer.

Forst, Hr. Johann Caspar Hirth.

Geldersheim, Hr. Anton Ludwig Sell.

Happertshausen, Hr. Johann Georg Wörtmann.

Hausen, Hr. Johann Georg Weiß.

Heustreu, Hr. Caspar Breitung.

Kronungen, Hr. Johann Andreas Ziegler.

Marckfteinach, Hr. Johann Philipp Stöhr.

Maybach, Hr. Frantz Valentin Dillinger.

Mecheuried, Hr. Adam Böhrer.

Neustadt, { Hr. Johann Adam Bauer.
{ Hr. Johann Adam Kremer, Frühemesser.

Nüdlingen, Hr. Johann Valentin Werner.

Niederlauer, Hr. Thomas Eckart.

Poppen

Poppenlauer, Hr. Valentin Knüttel.
Nannungen, Hr. Johann Georg Heyd.
Saltz, Hr. Joseph Sigismund Gantz.
Schonungen, Hr. Johann Georg Prätor.
Stadt Lauringen, { * Hr. Anton Bollmann.
{ Hr. Johann Adam Hein, Frühemesser.
Steinach, Hr. Joseph Popp.
Stralßbach, Hr. Georg Joseph Sebald.
Unßleben, * Hr. Johann Andreas Beyermann.
Waldaschach, Hr. Johann Valentin Geiß.
Wernerichshausen, Hr. Johann Caspar Judan.
Wollbach, Hr. Johann Georg Balling.

Rural-Capitul Moßbach.

Hr. Johann Seuffert, Dechant und Pfarrer zu Moßbach.

Eingehörige Pfarreyen.

Dallau, Hr. Johann Sebastian Potska.
Dillsberg, Hr. Johann Adam Zinth.
Eberbach, Hr. Valentin Stumpff.
Neckar-Eltz, Hr. Johann Adam Haßfurter.
Neckar-Gemünden, Hr. Johann Simon Reuß.
Neckar-Gerach, Hr. Georg Fleischmann.
Rittersbach, Hr. Johann Hitzfeld.
Scheffentz, Hr. Johann Carl Gothinger.
Stimpffelbrunn, Hr. Johann Caspar Kießmann.

Rural-Capitul Neckars-Ulm.

Hr. Joh. Caspar Agricola, Dechant und Pfarrer zu Oeden.

Eingehörige Pfarreyen.

Allfeld, Hr. Johann Schwartz.
Binnßwangen, Vacat.
Dahenfeld, Hr. Heinrich Anton Hock.
Duttenberg, Hr. Frantz Anton Hornig.
Erlenbach, { Hr. Frantz Eichinger.
{ Hr. Joseph Anton Groß, Frühemesser.
Gundelsheim, { Hr. Georg Leonard Gundling.
{ Hr. Joseph Ignatz Kemper, Frühmesser.
Herbolzheim, Hr. Anton Georg Jordan.

Höchst

Höchßberg, Hr. Johann Georg Volck.

Kochenthürr, Hr. Sebastian Kuhn, O. T. P.

Neckarsulm, { Hr. Johann Andreas Huberich, O. T. P.
{ Hr. Daniel Sartorius, Frühemesser.

Neidenau, { Hr. Johann Peter Dörseller.
{ Hr. Ernst Fleischmann, Frühemesser.

Sondheim, Hr. Ludwig Mötzel.

Unter-Grießheim, Hr. Johann Jacob Spönlein.

Rural-Capitul Ochsenfurt.

Hr. Johann Philipp Hard, Dechant und Pfarrer zu Gau-
retterheim.

Eingehörige Pfarreyen.

Aub, { Hr. Johann Michael Eck.
{ Hr. Johann Caspar Christian Frantz Paphus,
{ Spithal-Pfarrer.

Auffstetten, Hr. Johann Michael Ley.

Baldersheim, Hr. Lorentz Albrecht.

Bütthardt, Hr. Philipp Christoph Forster.

Darstadt, Hr. Johann Vitus Carl Laubreiß.

Eßfeld, Hr. Georg Adam Quell.

Euerhausen, Hr. Johann Stephan Gehrig.

Frickenhausen, { Hr. Johann Georg Eberth.
{ * Hr. Johann Adam Wagner, Beneficiat.

Gelchsheim, Hr. Frantz Anton Hüttel.

Goßmannsdorff, * Hr. Johann Martin Gloß.

Heydingsfeld, { Hr. Johann Adam Emmert, S. T. D.
{ Hr. Johann Baumeister, Frühemesser.

Höchberg, Hr. Johann Caspar Weidner.

Hopferstadt, Hr. Philipp Anton Bauer.

Ingolstatt, Hr. Johann Michael Hencke.

Kirchheim, Hr. Petrus Rothaupt.

Klein-Ochsenfurt, Hr. Valentin Geßner.

Klein-Rindenfeld, Hr. Johann Georg Wedel.

Ochsenfurt, { Hr. Johann Frantz Behr.
{ Hr. Johann Nicolaus Bür, Beneficiatus.
{ Hr. Johann Joseph Rösch, Beneficiatus.

Oellingen, * Hr. Michael Voregger.

Riedenheim, Hr. Johann Christoph Langenberger.

Röttin-

Röttingen, { Hr. Johann Valentin Rötting.
{ Hr. Joseph Heinrich Pleickner, Beneficiatus.
Rittershausen, Hr. Johann Caspar Mahr.
Sonderhoffen, Hr. Johann Adam Röhrig.
Stalldorff, Hr. Johann Adam Geiger.
Sulzdorff, Hr. Georg Joseph Weber.
Unter-Wittighausen, Hr. Georg Richard Schüttinger.
Zeubelried, Hr. Johann Braun.

Rural-Capitul Schlüsselfeld.

Hr. Frantz Joseph Schug, Dechant und Pfarrer zu Burg-
Ebrach.

Eingehörige Pfarreyen.

Büchenbach, Hr. Eugenius Alexander Hauck.
Eielskirchen, Hr. Johann Adam Englert.
Greisselwind, * Hr. Johann Peter Keller.
Hannberg, Hr. Wolffgang Dellstrub.
Hertzogaurach, Hr. Christoph Kropffeld.
Höchstadt, Hr. Michael Joseph Mülich.
Marckbibart, { Hr. Andreas Geiß.
{ Hr. Johann Georg Heim, Frühemesser.
Marck-Scheinfeld, * Hr. Johann Lorentz Schultz.
Ober-Scheinfeld, Hr. Valentin Hartung.
Schlüsselfeld, Hr. Johann Valentin Weinckheim.
Wachenroth, Hr. Lothari Frantz Vogel.

Caplaneyen im Hoch-Stifft
Wirtzburg.

Anno 1742.
Johann Michael Höffling, Carolopolit.

Anno 1743.
Johann Georg Haußhans, Ostheim.

Anno 1745.
Johann Laurent. Molitor, Haßfurt. Sac. in Wolckach.

Anno

Anno 1746.

Joh. Hermann Ströhlein, Kissing. Sac. in Burgwalbach.
Johann Michael Amadeus, Hassfurt. Sac. in Gnetzgau.
Franciscus Melchior Hübner, Eivelst. Sac. in Kißingen.
Johann Adam Stöth, Fuchstatt. Sac. zu Carlstadt.

Anno 1747.

Georg Adam Wißweeg, Wirceb.
Joh. Michael Katzenberger, Wechters. Sac. in Haßfurt.
Georg Frantz Schmitt, Arnstein. Sac. in Lauda.
Johann Carolus Pfeffermann, Husan. Coop. in Burg,
grumbach.

Anno 1748.

Joh. Caspar Kauffmann, Stattlauring. Sac. in Hartheim
Johannes Jacobus Heller, Reulbac Sac. in Nordheim.
Johann Michael Poppenberger, Wirceb. Sac. in Werme-
richshausen.

Anno 1749.

Lucas Dotzel, Eivelstad. Vicar. Parochiæ in Rosenberg.
Fridericus Menschel, Ducaurac. Sac. in Hertzog-Aurach.
Joh. Peter Günther, Meuthens. Coop. in Gemünden.
Jacobus Ludovicus Kindner, Fahrens Sac. in Ballenberg.
Johann Georg Lippert, Auracens. Sac. ad S. Petrum in
Wirtzburg.

Anno 1750.

Christoph Joseph Degen, Wirceb: Sac. in Bergtheim.
Melchior Anton Schwartz, Laudanus, Coop. in Fricken-
hausen.
Augustin Joseph Vorberger, Kiß. Sac. in Ebern.
Joh. Caspar Bauer, Neostad. ad Salam, Sac. in Hofheim.
Joh. Christoph Schmetzer, Burckwalb. Sac. in Oberbach.
Andreas Matthäus Walter, Mühlhusan. Sac. Summi
Templi.
Georg Wilh. Nott, Neost. ad Salam, Sac. in Colitzheim.
Casparus Raab, Regisc. in Arvis, Sac. in Ebertshausen.
Johann Adam Keßler, Hasselbac. Coop. in Pülfringen.
Johannes Voß, Ebersbacens. Sac. in Ettleben.

E 5   Johan-

Johannes Josephus Vollrath, Büthardensis Sac. in Laudenbach ad Vorbach.
Anton Nicol. Rhem, Fladung. Sac. in Franckenwinheim.

Anno 1751.

Valentinus Kempff, Wirceb. Coop. in Hopfferstatt.
Joh. Georg Joseph Voll, Wirc. Coop. in Geldersheim.
Johannes Valentinus Gaß, Sondernav. Sac. in Bundorff.
Joh. Josephus Adamus Carl, Wirceb. Sac. in Hartheim.
Johannes Melchior Fleischmann, Hassfurt. Sac. in Groß-
  bardorff.
Johannes Philippus Hoffmann, Regiscur. in Arvis, Sac.
  in Unter-Eßfeld.
Johann Georg Baumann, Hasselbac. Sac. in Kleinsassen.
Andreas Kramper, Burggrumb. Sac. in Steinbach.
Johannes Georgius Neuschert, Kissing. Sac. in Grafen-
  rheinfeld.
Johann Petrus Striegel, Carolopol. Coop in Carlenburg.
Josephus Braun, Retzb. Sac. in Heydenfeld.
Johannes Josephus Röser, Thüng. Sac. Summi Templi.
Johannes Witz, Hendungen. Sac. in Ober-Eltzbach.
Georgius Bernardus Bartholomäus Höpffner, Neostad.
  ad Salam, Sac. in Geibach.
Georgius Hein, Ebersbac Sac. in Mechenriedt.

Anno 1752.

Johann Conrad Albrecht, Zeilensis, Sac. in Iphoffen.
Franciscus Josephus Perabo, Wirceburg. Sac. in Hosp.
  Jul. Wirceb.
Franciscus Antonius Kales, Wirceb. Sac. in Arnstein.
Frantz Godefrid Dotzel, Eivelstad. Sac. in Buchheim.
Jacob Werner Thein, Hassfurt. Sac. Reverend. D. Suf-
  fraganei Wirceburg.
Laurentius Stumpff, Fladungen. Sac. in Burg-Ebrach.
Balthasar Andreas Liebs, Oberstreu. Sac. in Basiheim.

Anno 1753.

Anton Dominicus Bonn, Wirceb. Sac. in Hosp. Jul.
  Wirceburg.
Joseph Frantz Fichtl, Lengf. Coop. in Kißingen.

Jo-

Johann Michael Holtzemer, Kilsing. Sac. in Geroltzhofen.
Casparus Jäger, Heufurt. Sac. in Nordheim ad Rhönas.
Johann Georg Weickers, Wegfurt. Coop in Sternberg.
Joh. Nicolaus Paul, Oberelsbac. Sac. in Pfarrweißach.
Johann Adam Seibert, Eivelstad. Coop. in Laubenbach
  an der Vorbach.
Lubentius Franciscus Bartholomäus Wang, Wirceburg.
  Sac. in Beinsgefang.
Johann Georg Friderich, Eltmann. Sac. in Wiesenbheid.

Anno 1754.

Johann Valentin Quell, Wirc. Sac. in Gauretterßheim.
Alexander Schell, Wirceb. Sac. in Grünßfeld.
Johann Joseph Krug, Oberheid. Sac. in Eydhausen.
Anastasius Martin Speckard, Wirceb. Sac. in Haßfurt.
Johann Georg Knauer, Wirceb. Sac. in Eltmann.
Joh. Henric. Strohmenger, Sodenb. Sac. in Ebenhausen.
Johann Michael Philippi, Regiscurian. in Arvis, Sac.
  in Kitzingen.
Johann Caspar Wehner, Zahlbac. Sac. in Königshofen.
Johann Baptista Ruffert, Halsfurt. Sac. in Ebern.
Johann Horsch, Zelling. Sac. in Zeutzleben.
Mathias Maximilian Beschel, Wirc. Sac. in Röttingen.
Johann Henricus Brand, Wirceb. Sac. in Eßleben.
Johann Joseph Warmuth, Neostad. ad Salam, Sac. in
  Sonderhofen.

Anno 1755.

Marquard Bamberger, Oxov. Sac. in Steinfeld.
Johann Weingärtner, Klosterhuf. Sac. in Düringstadt.
Georg Hoffmann, Hoffheim. Sac. in Marckschönfeld.
Bernard Uth, Trennfeld. Coop. in Helmstadt.
Caspar Arnold Grob, Oxovius, Sac. in Mellerichstadt.
Caspar Creutzer, Eivelstadianus, Sac. in Marckbibart.
Johann Jacob Steinacher, Neostad. ad Salam, Sac.
  in Ochsenfurt.

Anno 1756.

Nicolaus Herberth, Oberelsbac. Sac. in Donnersdorff.
Leonardus Franciscus Joneck, Wirceb. Sac. in Bretzingen.
Burckard Oehninger, Wirceb. Sac. in Wiesenbheid.

Bal.

Balthasar Balling, Junckertshusanus, Sac. in Bischoffs-
    heim ad Rhönas,
Johann Georg Gehrig, Wirceb. Sac. in Baldersheim.
Tobias Rinecker, Gerlocurian. Sac. in Dinckelshausen.
Johann Hering, Rinneckensis, Sac. in Aub.
Johann Georg Höpffner, Neostad. ad Salam, Coop. in
    Rüdlingen.

Anno 1757.

Johann Georg Hespelein, Ettleb. Coop. in Euerfeld.
Joh. Sebast. Pretscher, Wolffmannsh. Sac. in Gaibach.
Johann Georg Rost, Gemundan. Sac. in Wiesenfeld.
Eucharius Mack, Mellerichst. Sac. in Wechterswinckel.
Philipp Aquilin Händler, Wirceb. Sac. in Cronungen.
Joh. Adam Moreth, Leutersh. Sac. in Neustadt ad Salam.
Nicolaus Gerstenberger, Unterweisenb. Sac. in Trunstatt.
Johann Freybott, Wirceb. Sac. in Zeil.
Joh. Andreas Stain, Husan. Sac. in Wermerichshausen.
Johann Andreas Weber, Grettstat. Sac. in Mülfftngen.
Johann Caspar Reinhard, Hilderens. Sac. in Seßlach.
Johann Michael Bönicke, Wirceb. Moderator Bambergæ.
Theodor Ludwig Schmitz, Wirceb. Sac. in Grettstadt.
Valentin Martin Volckmuth, Frickenh. Sac. in Rat-
    telsdorff.
Johann Jacob Hörning, Dettelbac. Sac. in Marcksteinach.
Georg Friderich Mörich, Schlüsselfeld. Sac. in Falckenstein.
Thomas Göbel, Münnerstad. Sac. in Kirchlautern.

Anno 1758.

Johann Andreas Bohl, Oxov. Curatus apud Perill. D.
    de Bettendorff in Eubingen.
Leonard Fortunat Schrod, Wirceb. Sac. in Geroltzhofen.
Anton Reß, Wirceb. Sac. in Oberschwartzach.
Johann Caspar Wald, Hofheim. Sac. in Seßloch.
Ludwig Kettinger, Freudenb. Coop. in Happertshausen.
Friderich Krieg, Mariæhöch. Sac. in Dieppach.
Philipp Fischer, Pfarrweis. Coop. in Marckseußheim.
Joseph Valentin Vornberger, Heydingsfeld. Instruct.
    apud Perillust. D. de Franckenstein.
Leonard Karg, Wirceb. Sac. in Ursprungen.

Peter

Peter Frantz Keller, Hafsfurt. Sac. in Zeil.

Georg Sebaſtian Mauer, Neoſtad. ad Sal. Sac. in Wilſlantzheim.

Georg Laudenſack, Wirceb. Sac. in Burg-Ebrach.

Johann Caſpar Pfeiffer, Rittershuſ. Coop. in Oeden.

Johann Steinruck, Stattlaur. Sac. in Wermerichshauſen.

Melchior Godfrid Neder, Wirceb. Sac. in Unter-Eßfeld.

Kilian Schneider, Eltmann. Sac in Baunach.

Engelbert Joſeph Zwirlein, Hollſtad. Coop. in Goßmannsdorff.

Barthel Stühler, Dinckelshuſ. Coop. in Cramſchatz.

Chriſtoph Haaber, Neoſtad. ad Salam, Sac. in Biſſchoffsheim ad Rhönas.

Joſeph Saad, Hafsfurt. Sac. in Wolffsmünſter.

Valentin Willm, Eivelſtad. Sac. in Grünßfeld.

Frantz Joſeph Sauer, Kizing. Sac. in Marckelsheim.

Caſpar Auguſtin Reitzel, Wirceburg. Sac. in Zellingen.

Johann Caſpar Breiduog; Hilders. Coop. in Creßthal.

Valentin Röll, Euerfeld. Sac. in Oberſchwartzach.

Anno 1759.

Michael Ignatz Schmitt, Arnſtein. Sac. in Haßfurt. —

Martin Neckermann, Gauretters. Sac. in Igersheim.

Heinrich Fugmann, Wirceburg. Sac. in Limbach ad B. V. M.

Ignatz Caſpar Berrmayer, Hardheim. Sac. in Schlehenried.

Andreas Friderich Schmitt, Wirceb. Sac. in Nannungen.

Matthäus Menſch, Saal. Sac. in Dettelbach.

Niculaus Binſack, Oberthulb. Sac. in Mürsbach.

Johann Joſeph Streit, Kiſſing. Sac. in Fladungen.

Johann Michael Schuck, Herſchfeld. Sac. in Geroltzhofen.

Michael Henneberger, Herſchfeld. Sac. in Schlüſſelfeld.

Johann Frantz Römmelt, Eſcherndorff. Sac. in Baunach.

Johann Philipp Leinicker, Wirceb. Sac. in Jeſſerndorff.

Georg Joſeph Pfiſter, Arnſtein. Sac. in Fladungen.

Joh. Philipp Winter, Mönchſtock. Sac. in Schlüſſelfeld.

Chriſtoph Frantz Schaupp, Wirceb. Sac. in Trunſtadt.

Kilian Klöpfel, Weichtung. Sac. in Seßlach.

Hoch-

Hochfürstliche Wirtzburgisch = Augspurgische Confessions = Verwandte Pfarrer.

Alberhoffen, Hr. Andreas Jäger.

Berckach, Hr Johann Elias Müller.

Buchbrunn und Repperndorff, Hr. Georg Andreas Hecht.

Eichelsdorff, Hr. Johann Georg Schmidt.

Gemünda an der Kreck, Hr. Georg Leonard Adam Stepani.

Geroda und Volckerslerber, Hr. Caspar Lorentz Ernst.

Gochsheim, { Hr. Georg David Heunisch.
{ Hr. Johann Friderich Heunisch, Adjunctus.

Gülchsheim und Hemmersheim, Vacat.

Hengstfeld, Hr. Johann Christoph Frauenholtz.

Hohenfeld, * Hr. Georg Heinrich Riedel.

Hüttenheim, Hr. Heinrich Götz.

Kitzingen, { Hr. Johann Friderich Hophahn.
{ Hr. Joh Sebastian Wittmann, Adjunctus.

Krautostheim, Herboltzheim und Ingolstadt, Hr. Georg Albrecht Christoph Götz.

Leutzenbronn, Hr. Gustav Martin Metzger.

Lipperichhausen und Pfalenheim, Hr. Georg Leonard Lampert.

Mainstockheim, Hr. Jacob Ludwig Rudolph.

Memmelsdorff, Hr. Johann Paul Dieterich.

Mittelsinn, Hr. Friderich Mathias Kemmeter.

Neukirchen, Hr. Johann David Francke.

Neusses und Schernau, Hr. Bernard Friderich Wolff.

Poppenlauer und Rothhausen, Hr. Valent. Anton Schirmer.

Rödelsee, * Hr. Tobias Christoph Faber.

Schmalfelden, Hr. Georg Leonard Heyde.

Sennfeld, Hr. Christian Englert.

Thalheim   { Hr. Andreas Zindel.
bey Haylbrunn, { Helffer, Vacat.

Unter = Mertzbach, Hr. Christoph Michael Rammann.

Wildenthierbach, Hr. Georg Friderich Bezold.

Widdern, Hr. Johann Lorentz Esenbeck.

Welt=

Weltlicher Staat
Des
Fürstlichen Hohen Stiffts
Wirtzburg.
Alles nach Alphabetischer Ordnung.

Hochfürstl. Wirtzburg. Geheime Cantzley.
Hof-Cantzlar.

Tit. * Hr. Johann Philipp Christoph Reibelt, tot. tit. vide bey Hochfürstl. Wirtzburgischer Regierung.

Geheimer Referendarius.

Tit. Hr. Bernard Emmanuel Prümmer, Sr. Churfürstl. Gnaden zu Trier, wie auch Sr. Hochfürstl. Gnaden zu Bamberg und Wirtzburg Geheimer-Rath, Hochfürstlich-Wirtzburgischer Hof-Kriegs-Rath, Geheimer Referendarius und Secretarius.

Hr. Johann Baptist Erhard Wanner, Geheimer Registrator.

Geheime Cantzlisten. {
Hr. Johann Baptist Löhlein.
Hr. Johann Seltzam.
Hr. Jacob Andre.
Hr. Johann Philipp Anton Hertzing.

Anton Weinreich, Geheimer Cantzley-Diener.

Hochfürstl. Wirtzburg. Hof-Cammer.
Hof-Cammer-Præsident.

Tit. Herr Johann Godfrid Ignatz von Wolffskeel, tot. tit. vid. pag. 2.

Hr. Frantz Joachim Wilhelm Heß, Hochfürstl. Wirtzburg. Geheimer- und Hof-Kriegs-Rath, Hof-Cammer-Director, und Crays-Gesandter bey dem löbl. Fränckischen Crays-Convent zu Nürnberg.

Hr.

Hof-Cammer-Räthe

Hr. Bernard Michael Roffat.
Hr. Friderich Hieronymus Hert.
Hr. Joseph Nicolaus Thomann, vid. pag. 9.
Hr. Dominicus Joseph Gantzhorn.
Hr. Carl Philipp Schenckel.
Hr. Joachim Heinrich Hieronymus Mayer, auch Kriegs-Commissarius.
Hr. Frantz Levin Vogel.
Hr. Johann Joseph Caspar Weitinger.
Hr. Johann Eduart Körner.
Hr. Frantz Anton Sauer.
Hr. Georg Heinrich Seidner, auch Ober-Accis-Amtmañ.
Hr. Caspar Hartmann, auch Hof Cammer-Zahlmeister.
Hr. Conrad Philipp Hemmerlein, auch Zoll Amtmann.
Hr. Philipp Carl de Heyde.

Hr. Ferdinand Oth, Hof-Cammer-Secretarius.

Officianten.

Hr. Jacob Melchior Hübner, Ober-Registrator.
Hr. Georg Joseph Balbus, Hof-Cammer-Zinß-Verwalter.
Hr. Johann Martin Mohr, Registrator, auch Invaliden-Pfleg-Verwalter.
Hr. Pancratius Pfriemb, Protocollist, des Kayserl. Land-Gerichts Consulent.
* Hr. Johann Matthäus Kucher, Not. Cæs. publ. Ex-peditor.
Hr. Georg Adam Hoffmann, Zoll-Amts Adjunctus.
* Hr. Frantz Anton Seyfried, Renth-Amts Adjunctus.

Hof-Cammer-Cantzlisten

Hr. Godefrid Joseph Zorn.
Hr. Johann Georg Sebald, Senior.
Hr. Johann Melchior Hartmann.
Hr. Georg Christoph Frieß.
Hr. Johann Gerard Rieß.
Hr. Johann Georg Mayberger.
Hr. Georg Christian Sebald, Junior.
Hr. Johann Adam Schubert, Hof-Commissions-Actuarius.

Hr.

Hof-Cammer-Canzlisten {
Hr. Johann Kuhn, auch der Custorey hohen Dom-
Stiffts Verwalter.
Hr. Johann Hugo Heunisch.
Hr. Johann Michael Reitz.
Hr. Johann Caspar Kauffmann.
* Hr. Christian Fey.
* Hr. Adam Ignatz Bull, Accessist.

Johann Adam Köhler.
Philipp Depser. } Hof-Cammer-Bediente.
Johann Valentin Hoffmann. }
Johann Anton Schabers Wittb, Hof-Buchbinderin.

Anbelangend die Sessiones auf Hochfürstl. Hof-Cammer,
so fangen solche alltäglich (ausser Mittwochen,) frühe um 9.
Uhr an, und dauren bis 12 Uhr.

Zur Hochfürstlichen Hof-Cammer eingehörige Aemter.

Hof-Bau-Amt.

Hr. Johann Philipp Seigel, Hof-Bau-Amtmann.
Hr. Johann Simon Behringer, Bauschreiber.
Hr Morand Keller, Bau-Gegenschreiber.
Hr. Paul Weydner.
Hr. Ferdinand Looß. } Hof-Gärtnere.
Hr. Joh. Georg Demether. }
Hr. Anton Timler, Hof-Bronnenmeister.
Johann Georg Oegg, Hof-Schlosser.
Leonard Greißing, Hof-Zimmermeister.
Andreas Keßler, Hof-Schifferdecker.
Benedict Schlecht, Hof-Schreiner.
Johann Godefrid Günther. } Sämtliche Hof-Mauer- und
Michael Zängerlein. } Steinhauer-Meister.
Dominicus Ickelsheimer. }
Johann Georg Oehrlein, Hof-Bau-Amts-Schmidt.

Hof-Futter-Amt.

Hr. Johann Erhard Joseph Franckenberger, Hochfürstl. Hof-
Cammer-Rath und Futter-Amtmann, auch Stadt-Rath.
Hr. Johann Joseph Ulrich, Futter-Amts-Gegenschreiber.

F   Hr.

Hr. Johann Albert Martin Hützelberger, Fourages- und Holtz-Inspector.

Hr. Bernard Schmidt, Hof-Brod-Speiser.

Hr. Matthäus Gäbel, Mund-Beck.

Hr. Johann Martin Greffner, Mühl-Verwalter.

Hr. Philipp Valentin Knecht, Not. Cæs. publ. Juratus, adjungirter Mühl-Verwalter, auch Actuarius bey dem Hochfürstl. Vice-Dom-Amt.

Hr. Johann Paul Sauer, Heu-Waag- und Meelschreiber.

Christoph Hoffmann,
Johann Georg Ludwig,   } Futter-Schüttere.
Kilian Fröhlich,
Frantz Schweickart, | Hof-Becken-Knecht.
Johann Neth,

Hof-Spithal.

* Hr. Adam Georg Degen, Pfarrer, vid. pag. 18.

Hr. Georg Ant. Dietterich, Verwalter, auch Hochfürstl. Stadt-Saal- und Brucken-Gerichts-Assessor und des Stadt-Raths jüngerer Burgermeister.

Hr. Frantz Henrich Menolph Wilhelm, Phil. & Medic. Doct.

Hr. Ludwig Plago, Armen-Waysen-Hauß-Vatter.

Hr. Dominicus Vetter, Chirurgus.

Johann Georg Christoph Nessel, Spithal-Hauß-Vatter.

Hochfürstl. Wirtzburgischer Hof-Staat.

Alles nach dem Alphabeth.

Hof-Marschall-Amt.

Ober-Hof-Marschall.

Tit. Herr Lotharius Godefrid Heinrich Freyherr von Greiffenclau zu Vollrathe, Churfürstl. Mayntzisch. auch Hochfürstl. Wirtzburgischer Geheimer-Rath und Ober-Hof-Marschall,

schall, des Kayserl. Land-Gerichts Herzogthums zu Francken Assessor, auch Ober-Amtmann zu Werneck und Dettelbach.

Hof-Marschall.

Tit. Hr. Johann Wentzel Ottkoleck Freyherr von Augest,
Hochfürstl. Wirtzburgischer Geheimer, und Hof-Kriegs-
Rath, Hof-Marschall, auch Ober-Amtmann zu Bischoffs-
heim vor der Rhön.

Hr. Ignatz Peter Sigismund, Graf von Blatz.

Hr. Frantz Anton von Münster zu Vaspühl, auch Obrist-
Lieutenant unterm Fränckischen Crays-Dragoner-
Regiment.

Hr. Heinrich Gottlieb Freyherr von Mudersbach, auch
Hochfürstl. Wirtzburgischer Obrist-Wachtmeister.

Hr. Joh. Philipp Jacob Freyherr von Wolffskeel zu Rottenbauer, auch Hochfürstl. Wirtzburgischer General-
Feld-Wachtmeister unter dem Fränckischen Crays-Dragoner-Regiment.

Hr. Carl Adolph Freyherr von Greiffenclau zu Volkraths,
Teutsch-Ordens-Ritter, auch Hochfürstl. Wirtzburg.
Hof-Rath, und Ober-Amtmann zu Neustadt an der
Saal.

Hr. Christoph Veit Freyherr von Fuchs, auch Hochfürstl.
Wirtzburgischer Hof-Rath, des Kayserl. Land-Gerichts-
Herzogthums zu Francken Assessor, und Ober-Amt-
mann zu Landa.

Hr. Christoph Adolph Carl Graf von Jngelheim, auch
Hochfürstl. Wirtzburgischer Hof-Rath, vid. pag. 7.

Hr. Justus Fridericus von und zu Buchenau.

Hr. Maximilian von Wallenfels, auch Hochfürstl. Wirtzburg. Ober-Forstmeister zu Burg-Walbach.

Hr. Alexander Sigmund Philipp von Redwitz, Sr. Chur-
fürstl. Gnaden zu Trier Cämmerer, der Hochfürstl. Leib-
Garde, Trabanten und Husaren, wie auch eines Löbl.
Fränckischen Crays-Curasier-Regiments Rittmeister.

Hr. Heinrich Hartmann Häußlein von Eussenheim, auch
Hochfürstl. Wirtzburg. Ober-Forstmeister zu Hundelshausen.

(linker Rand, vertikal:) Hochfürstl. Wirtzburg. Cammer-Herren.

Hr.

Hr. Marquard Wilhelm Groß von und in Trockau, Teutsch-Ordens-Ritter, auch Hauptmann unterm Kayserlich-Roth-Wirtzburgischen Infanterie-Regiment.

Hr. Phil. Christoph Wilhelm Freyherr von Guttenberg, auch Hochfürstl. Wirtzburg. Obrist-Wachtmeister unter dem Dragoner-Regiment, und Ihro Hochfürstl. Gnaden General-Adjutant, auch Geleits-Hauptmann.

Hr. Dominicus von Kerppen, auch Hochfürstl. Wirtzburg. Obrist-Lieutenant bey der Fränckischen Crays-Infanterie.

Hr. Hugo Godefrid von Eysenberg, auch Hochfürstl. Wirtzburg Obrist-Lieutenant bey der Fränckischen Crays-Infanterie.

Hr. Joseph Anton Kolb von Reindorff, auch Hochfürstl. Wirtzburg. Hof-Rath und Ober-Amtmann zu Mellerichstadt und Münnerstadt.

Hr. Frantz Wilhelm Freyherr von Guttenberg, auch Hochfürstl. Wirtzburg. Hof-Rath, und Ober-Amtmann zu Hofheim und Lauringen.

Hr. Heinrich Voit von Saltzburg, auch Hochfürstl. Wirtzburg. Hof-Rath, des Kayserlichen Land-Gerichts Hertzogthums zu Francken Assessor, und Ober-Amtmann zu Aschach.

Hr. Maximilian Wilhelm von Stetten, Teutsch-Ordens-Ritter, Sr. Churfürstlichen Durchlaucht zu Cöllen Cämmerer, auch Obrist-Lieutenant unterm Kayserl. Roth-Wirtzburgischen Infanterie-Regiment.

Hr. Philipp Anton Freyherr von Greiffenclau zu Vollraths, auch Hochfürstl. Wirtzburg. Hof-Rath, und Ober-Amtmann zu Jagsberg.

Hr. Friderich Freyherr von Hutten zu Stoltzenberg, auch Hochfürstl. Wirtzburg. Hof-Rath.

Hr. Johann Friderich Carl Lotharius Frantz Ignatz Zobel von Giebelstatt, Hochfürstl. Wirtzburg. Hof Rath.

Hr. Frantz Carl von Murach, Sr. Churfürstl. Durchlaucht in Bayern Cämmerer, auch Hochfürstl. Wirtzburgischer Hof-Rath, und des Kayserl. Land-Gerichts Hertzogthums zu Francken Assessor, auch Ober-Amtmann zu Volckach, und Klingenberg.

Hr.

Hr. Friderich Carl Zobel von und in Giebelstadt, des hohen Teutschen Ordens-Ritter, auch Hauptmann unterm Kayserl. Blau-Wirtzburg. Infanterie-Regiment,

Hr. Carl Henrich Zobel von und in Giebelstadt, auch Hochfürstl. Wirtzburg. Hof-Rath, und des Kayserl. Land-Gerichts Hertzogthums zu Francken Assessor.

Hr. Johann Carl Sigismund Freyherr von Thüngen, auch Hochfürstl. Wirtzburgischer Hof-Rath.

Hr. Carl Wilhelm von Draxdorff, auch Obrist-Wachtmeister unterm Kayserl. Roth-Wirtzburg. Infanterie-Regiment.

Hr. Friderich Wilhelm von Amboten, Hochfürstl. Wirtzburg. Jagd-Juncker, auch Obrist-Wachtmeister unterm Kayserl. Blau-Wirtzburgischen Infanterie-Regiment.

Hr. Frantz Gottlieb von Guttenberg.

Hr. Wilhelm Lucas von Quad, auch Hochfürstl. Wirtzburgischer Hof-Rath, und Ober-Amtmann zu Hartheim und Ripperg.

Hr. Carl Joseph von Knöring, auch Ober-Jägermeister zu Elwangen.

Hr. Frantz Ludwig zu Rhein, auch Hochfürstl. Wirtzburgischer Hof-Rath.

Hr. Georg Adam von Redwitz, auch Hauptmann unterm Fränckischen Crays-Dragoner-Regiment.

* Hr. Adolph Friderich Carl von und zu Bastheim, auch Chur-Trierischer und Hochfürstl. Fuldaischer Cammer-Herr.

Hr. Dieterich Ernst Wilhelm Freyherr von Truchseß, Hochfürstl. Wirtzburg. Truchseß, und Lieutenant unterm Kayserlichen Roth-Wirtzburgischen Infanterie-Regiment.

Hr. Johann Philipp Freyherr von Wolffskeel, Hochfürstl. Wirtzburg. Truchseß und Lieutenant unterm Fränckischen Crays-Curaßier-Regiment.

Hr. Theophilus Frantz von Reichersberg, Hochfürstlich-Wirtzburgischer Hof-Rath, und Truchseß.

Leib- und Hof-Medici.

Hr. Georg Ludwig Hueber, Med. Doct. Hochfürstl. Bamberg. und Wirtzburg. Geheimer-Rath, auch ersterer Leib-Medicus, und Professor in Wirtzburg. vid. bey Hochfürstl. Julier-Universität.

F 3   Hr.

(Randtext links:) Hochfürstl. Wirtzburg. Cammer-Herren.

Hr. Johann Vogelmann, Med. Doct. Hochfürstl. Wirtzburg. Hof-Rath, zweyterer Leib-Medicus und Professor in Wirtzburg. vide bey Hochfürstl. Julier-Universität.

Hr. Johann Peter Ehlen, Med. Doct. Hochfürstl. Wirtzburg. Hof-Rath, dritter Leib-Medicus, und Professor, dann des Hochfürstl. Julier-Spithals-Medicus. vide bey Hochfürstl. Julier-Universität.

Hr. Johann Caspar Vorberger, Hochfürstlicher Hof-Medicus.

Hochfürstl. Beicht-Vatter.

R. P. Bonifacius Hildenbrand, Societatis JEsu.

Hof-Caplän.

Hr. Johann Michael Anton Wentzel, vid. pag. 13.

Hr. Frantz Kilian Heger, vid. pag. 13.

Hr. Jacob Christoph Haus, der Heil. Schrifft Doct. vid. pag. 30.

Hr. Nicolaus Ignatz Kales, der Heil. Schrifft Licent. vid. pag. 14. & 15.

Hof-Prediger.

R. P. Antoninus Ord. Min. S. Francisci Capucinorum.

Cammer-Dienere.

Hr. Antoni Migetti.

Hr. Wilhelm Fridreich.

Hr. Carl Floren.

Hr. Frantz Ignatz Vetter.

Hr. Joseph Maria Antounez.

Hr. Benedict Cajetan Hundrisser.

Hr. Andreas Fischer.

Hr. Joseph Clemens Leinen-Schloß, auch Hochfürstl. Güldens-Zöllner, und Titular-Cammer-Diener.

Hr. Johann Philipp Hübner, Titular-Cammer-Diener.

* Hr. Frantz Anton Ermeldraut, Cabinets-Mahlerey-Inspector, und Titular-Cammer-Diener.

Hr. Dominicus Busch, Billard-Inspector.

Hof-Fourier-Amt.

Hr. Johann Christoph Spielberger, Cammer-Fourier.

Hr. Andreas Urba, Hof-Fourier.

Hr. Joseph Schuster, Hof-Beyvogt.

Hr.

Hr. Joseph Schädel.
Hr. Wolffgang Göpffert.
Hr. Bernard Ringelmann.
Hr. Frantz Andreas Rietz. ⎬ Hof-Trompeter.
Hr. Paulus Rietz.
Hr. Frantz Peter Rietz.
Hr. Georg Geiger.

Hr. Sebastian Schlegel. ⎱ Hof-Paucker.
Hr. Johann Michael Schlegel. ⎰

Hr. Andreas Pirot, Hof-Zimmer-Inspector, und Tapeten-würcker.
Hr. Godfried Rheinhard, Hof-Tapezier.
Hr. Ignatius Staudinger, Hof-Büchsenspanner.

Johann Zimnucker.
Matthes Schmidt. ⎬ Cammer-Laquayen.
Johann Georg Koch.

Hof-Laquayen.	
Georg Göltz, Musicus.	Johann Georg Barth.
Joseph Webl, Copist.	Ignatius Amberger.
Johann Jacob Schröder.	Michael Anton Hoffman.
Valentin Wolpert.	Johann Busch.
Johann Holtzmann.	Caspar Seuffert.
Nicolaus Wintz.	Johann Michael Greser.
Johann Bachmund.	Johann Caspar Nussert.
Johann Michael Sorg.	Johann Soffenreither.
Johann Schaub.	Frantz Lang.
Jacob Schnabel.	Johann Friderich Röder.
Johann Adam Sala.	

Joh. Michael Beck, Hof-Laquay und Land-Capellen-Diener.
Melchior Godfrid Kerckinger, Hof-Kirchner.
Heinrich Bauer, Schloß-Kirchner.

Frantz Joseph Koch. ⎱ Hof-Lauffere.
Johann Georg Graf. ⎰

Philipp Lauer.
Georg Krimm.
Caspar Werner. ⎬ Haybucken.
Johann Georg Gabler.
Barthel Weissenberger.
Peter Schöpff.

* Nicolaus von der Aue, Barbirer.
Peter Augustin Ullrich, Hof-Peruquier.
Johann Anton Hahn, Hof-Saaldiener.
Michael Waßner, Land-Saaldiener.
Johann Beyer, Hof-Stubenknecht.
Blasius Schillinger, Cammer-Dienerknecht.
Michael Lehlein, Pauckenträger.

Hof-Keller-Amt.

Hr. Joseph Maria Anton Mühlfelder, Hof-Kellerschreiber.
Hr. Johann Paulus Scherrer, Hof-Kellermeister.
Hr. Johann Wahler, Mundschenck.
Hr. Kilian Gänser, Land-Wein-Speiser und Ober-Büttner-
Knecht.

Johann Georg Hemerich.
Caspar Philipp Schnell.
Erhard Gunckel.
Michael Ebert.   } Hof-Büttner-Knecht.
Johann Amerhein.
Heinrich Wolff.
Georg Adam Urlaub.

Hof-Kuchen-Amt.

Hr. Michael Thoman, Hof-Kuchenmeister.
Hr. Georg Heinrich Rell, Hof-Kuchenschreiber.
* Hr. Adam Christoph Heilmann, Hof-Kuchenschreibers
Adjunct.

Hr. Martin Brugger.
Hr. Joh. Wilhelm Schwab.
Hr. Johann Adam Stab.   } Mund-Köch.
Hr. Thomas Süßmann.
Hr. Friderich Dürr.

Hr. Caspar Nitribitt.   } Backmeister.
Hr. Clemens Krauß.

Hr. Anselm Döringer, Bratenmeister.

Hr. Joseph Haaß.
Hr. Balthasar Steinruck.   } Cavalier-Köch.
Hr. Johann Issele.

Hr.

Hr. Valentin Rimpach.
Hr. Anton Götz. } Ritter-Koch.
Hr. Wolffgang Thürmann.
Hr. Johann Lamser, Haus-Koch.
Hr Barthel Meß, Hof-Metzger.
Nicolaus Karg, Zehrgeber.
Caspar Hügerich, Ritter-Kochs-Gehülff.
Stephan Gerhard, Geflügel-Warth.
Valentin Karg,
Joh. Michael Schuhmann. } Kuchen-Pförtner.

Hof-Silber-Kammer.

Hr. Johann Philipp Scherer, Hof-Silberdiener.
Hr. Gabriel Hoffmann, Hof-Zinnwart.
Johann Michael Mühlbacher, Silberknecht.

Hof-Zucker-Backerey.

Hr. Caspar Amendati, erster Hof-Zuckerbacker.
Hr. Christian Hotzenlaub, zweyter Hof-Zuckerbacker.
Cajetan Hoffmann, Gehülff.

Hochfürstl. Hof- und Cammer-Musici.

Hr. Georg Waßmuth, Capell-Meister.
Jungfer Catharina Pfisterin, Sopranistin.
Jungfer Margaretha Borleidnerin, Sopranistin.
Frau Magdalena Andrein, Altistin.
Jungfer Francisca Beschelin, Altistin.
Jungfer Anna Catharina Bayerin, Sopranistin.
Hr. Johann Georg Laudensack, Tenorist.
Hr. Johann Georg Ley, Bassist. vide pag. 14.
Hr. Johann Platti, Hautboiste.
Hr. Johann Georg Retzer.
Hr. Johann Jacob Degen.
Hr. Johann Georg Wolff.
Hr. Johann Georg Sebald. } Violinisten.
Hr. Johann Ludwig Geiger.
Hr. Lorentz Joseph Schmitt.
Hr. Wilhelm Kiefner.
Hr. Joseph Ignatz Fackler.
Hr. Johann Georg Fegelein, Violoncellist.

Hr.

Hr. Jacob Leo, Violoncellist.
Hr. Johann Wendel Butzfeld, Violonist.
Hr. Albertus Kette , Organist.
Hr. Joseph Borleidner, Waldhornist.
Hr. Lotharius Dell, Waldhornist.
Hr. Georg Diebel, Waldhornist.
Hr. Friderich Domnich, Waldhornist.
Hr. Johann Georg Borleidner, Sopranist.
Hr. Wilhelm Dürig, Bassist.
Hr. Johann Martin Fischer, Bassist.
Hr. Johann Peter Cron, Hautboist.
Hr. Johann Philipp Seuffert, Orgelmacher.
Zacharias Fischer, Geigenmacher.
Benedict Hornmayer, Calcant.

Husaren-Feld-Garde.

Hr. Alexander Sigmund Philipp von Redwitz, Rittmeister,
  vide pag. 53.

Hr. N. Molez, Lieutenant.

Hr. Johann Georg Reichert, Wachtmeister.

Johann Valentin Bahl.
Andreas Aß.   } Corporals mit 41. Husaren.

Leib-Garde.

Hr. Alexander Sigmund Philipp von Redwitz, Rittmeister,
  vide pag. 53.
Hr. Johann Caspar Lerm, Wachtmeister.

Paulus Killan,
Michael Degant,
Philipp Schmitt,   } Corporals mit 38. Mann de Garde.
Georg Lang,

Hr. Johann Georg Geyger, Trompeter.

Trabanten.

* Caspar Knittel, Corporal mit 12. Trabanten.

Ober-

Ober-Jägermeister-Amt.

Tit. Hr. Constantin Freyherr von Pöllnitz, Chur-Fürstl. Cöllnischer. und Hochfürstl. Wirtzburg. Geheimer-Rath, dann Hof- und Land-Ober-Jägermeister, auch Ober-Amtmann zu Schlüsselfeld und Prölsdorff.

Hr. Ernst Ludwig Sigmund von Wallenfels, Ober-Forstmeister des Re-statter-Aschacher und Bischoffsheimer Forsts, vide pag. 53.

Hr. Ignatz Hartmann Donat Häußlein von Enßenheim, Ober-Forstmeister des Steiger-Mayn und Bramberger Walds, vide pag. 53.

Hr. Friderich Wilhelm von Umböten, Sr. Hochfürstl. Gnaden Jagd-Juncker. vid. pag. 55.

Jagd-Page. Vacat.

Land-Visitations-Forstmeister und Ober-Jäger, Hr. Johann Jacob Fügelein, auch Forstmeister deren samtlichen Cram-schatzer Waldungen.

Ober-Jagd-Amts-Secretarius, Hr. Johann Georg Andreas Utz, auch Hochfürstl. Wirtzburgischer Stadt-Rath.

Besuch-Knecht, Valentin Stander.

Zeug-Knechte, { Georg Nicolaus Heldman. Nicolaus Stauder.

Ruden-Knecht, Johann Lindner.

Forstmeister, Wildmeister, Jäger, und
Förstere auf dem Land.

Forstmeister auf dem Zabelstein, Hr. Johann Adam Förstner.
Aschach, Hr. Hieronymus Schauer.
Euerndorff, * Hr. Georg Wilhelm Schmetzer.
Im Sinngrund, Hr. Peter Anton Bentz.
Hasenlohr, Hr. Ernst Kohlschmidt.
Reichmannshausen, Hr. Christoph Albert.
Oberschleichach, Hr. Johann Adam Renner.

Wald-

Waldgegenschreiber zu Arnstein, Hr. Johann Bernard Rehm.
Wildmeister zu Schlüsselfeld, Hr. Johann Adam Kilian.

Michelau, * Hr. Johann Michael Fügelein.
Steinbach, Hr. Johann Rhein.
Altmannsdorff, Hr. Frantz Bausenwein.
Zellingen, Hr. Simon Zepler.
Guttenberg, Hr. Johann Peter Geyß.
Burgwalbach, Hr. Bonifacius Schmetzer.
Steinfeld, Hr. Heinrich Zepler.
Dornheim, Hr. Johann Lurber.
Schmalwasser, Hr. Valentin Krauß.
Binnßfeld, Hr. Joseph Mayer.

Fasannenwart zu Werneck, Johann Paul Kuhn.
Jägere und Förstere in Rimpar, Philipp Stauder.

Auf dem Dürrenhoff, Johann Zeihler.
Zu Arnstein, Johann Georg Kapp.
Aub, Frantz Paulus Fritz.
Brebersdorff, Johann Tarbacher.
Cramschatz, Johann Michael Hoffmann.
Düngersleben, Andreas Schirber.
Berchtheim, Frantz Lotharius Claus.
Proseltzheim, Johann Michael Schilling.
Wipfeld, Valentin Birnbacher.
Gernach, Johann Botzler.
Grünsfeld, Thomas Schlöhlein.
Hafenlohr, Johann Voll.
Rottenfels, Johann Rüttinger.

Auf dem Neubau, Baltzar Weber.
Zu Carlburg, Baltzar Bonfig.
Schönau, Johann Reichard Hoffmann.
Schönrein, Johann Reith.
Aura im Sinngrund, Joh. Michael Remmlein.
Mittelsinn, Melchior Aßmann.
Irtenberg, Joseph Eschmann.
Klein-Rindenfeld, Jeremias Schipper.
Büttelbronn, Heinrich Rheinfeld.
Notzbronn, Georg Bernard Schilling.
Greussenheim, Johann Georg Beßinger.
Lengfurt, Mathes Schilger.

Ilm-

Amſpann, Johann Adam Kreß.
Lauda, Johann Georg Spieß.
Heckſeld, Valentin Behringer.
Jägere und Förſtere zu Hartheim, Frantz Schütz.
   Zu Höpfingen, Johann Adam Paul Dömling.
    Jagſtberg, Johann Michael Beßinger.
    Röttingen, Johann Ludwig Wilhelm Friderich.
    Stalldorff, Kilian Walter.
    Bütthard, Johann Joſeph Müller.
    Frauenroth, Johann Caſpar Schmetzer.
    Geſäll, Johann Michael Kauffmann.

Auf dem Claushoff, *Frantz Cannaſt.
   Zu Waldfenſter, Conrad Jann.
    Wildflecken, Johann Wolff.
    Euerndorff, Chriſtoph Speckert.
    Neu-Beßingen, Johann Anton Hoffmann.
    Aura, Johann Blümmlein.
    Nüdlingen, Mathes Mayntz.
    Ebenhauſen, Johann Manger.

Auf dem Brönnhof, Frantz Block.
   Zu Hilters, Albert Lambrecht.
    Poppenlauer, Andreas Zeyler.
    Unter-Weiſſenbronn, * Bernard Arlet.

Auf dem Creutzberg, Mathias Hauerwas.
   Zu Ober-Elsbach, Peter Kan.
    Hauſſen, Johann Conrad Sendner,
    Nordheim, Johann Joſeph Remlein.
    Eberſpach, Johann Michael Reuß.
    Windshauſen, Johann Schuemann.
    Münnerſtadt, Johann Michael Voll.
    Steinach, Johann Henrich Schumm.
    Haſſenbach, Johann Adam Krapff.
    Mellerichſtadt, Johann Paul Remlein.
    Königshoffen, Johann Vatter
    Sultzfeld, Georg Adam Füglein.
    Zeutzleben, Johann Martin Müller.
    Veitshöchheim, Pancratz Schmidt.
    Margetshöchheim, Johann Georg Eib.

Mainberg,

Mainberg, Georg Adam Bitthäuser.
Reichmannshausen, Johann Adam Albert.

Auf dem Hoppachshof, Andres Albert.

Zu Marcksteinach, Alexander Höchst.
Haßfurt, Johann Georg Köhler.

Jäger und Förster zu Kleinmünster, Johann Adam Müller.

Zu Ober-Schwartzach, Friderich Stauder.
Eltmann, Baltzar Hauck.
Oberschleichach, Johann Neuner.
Unterschleichach, * Johann Adam Pfister.
Carbach, Johann Carl Burger.
Dürrfeld, Lucas Gering.
Rückshoffen, Johann Georg Schmidt.
Schöneig, Christoph Krapff.
Rottenstein, Frantz Reinhard Sidolt.
Prölsdorff, Andreas Gregel.
Steinbach, Johann Adam Rhein.
Ober-Rimpach, Johann Georg Mülich.
Brambera, Nicolaus Fledering.
Fitzendorff, Johann Michael Albert.
Kitzingen, Sebastian Mahlmeister.
Hürblach, Andres Voll.
Inzolstatt, Johann Thomas Geider.
Herboltzheim, Johann Georg Weiglein.
Schottenstein, Johann Michael Rhein.
Gemünden, Johann Georg Schneider.
Hatteredorff, Johann Erhard Frantz.
Norbach, Johann Adam Mennig.
Todtenweissach, Johann Müller.
Mörfpach, Johann Michael Schmitt.
Neubronn, Abraham Klühespieß.
Freudenberg, Nicolaus Hamann.
Haynstatt, * Martin Werner.
Ripperg, Lorentz Volck.
Ober-Volckach, Johann Georg Englerth.

Auf dem Schwanberg, Johann Michael Dummer.
Zu Bircklingen, Philipp Mauer.

Ober-

Ober-Stallmeister-Amt.

Tit: Hr. Constantin Freyherr von Welden, Herr auf Hoch-holdingen und Laupheim, Sr. Churfürstl. Durchlaucht in Bayern, wie auch Hochfürstlich-Bambergisch- und Wirtz-burgischer Gedeimer-Rath, Obrist-Stallmeister und Ober-Amtmann iu Maynberg, des Hohen St. Michaelis-Ordens Groß-Creutz und Commandeur, einer ohnmittelbaren des Heil. Röm. Reichs freyen Ritterschafft in Schwaben Orts am Kocher erbettener Ritter-Rath.

Hr. Johann Michael Antou Wentzel, J. U. D. Hof-Edel-Knaben Hofmeister. vide pag 13.

Hr. Johann Georg Ley, J. U. D. Hof-Edel-Knaben-Repetitor Jurium. vide pag. 14.

Hr. Nicolaus Ignatz Kales, Hof-Edel-Knaben Correpecitor. vide pag. 24.

Hochfürstl. Edel-Knaben.

Hr. Johann Nepomucen von Schlangenburg.
Hr. Christoph Philipp von Trauteuberg.
Hr. Frantz Carl von Redwitz.
Hr. Joseph von Welden.
Hr. Joseph Heinrich von Elesheim.

Hof-Bereitere.

Hr. Hermann Philipp Kauffmann, Ober-Bereiter.
Hr. Philipp Joseph Deckelmann, Hof-Bereiter.
Hr. Joseph Aquilin Clarentz, Uuter-Bereiter.

Hof-Edel-Knaben Exercitien-Meistere.

Hr. Frantz Ludwig le Comte, Sprachmeister.
Hr. Joseph Michael Kipp, Schreibmeister, auch Hochfürstl. Regierungs-Cantzlist.
Hr. Johann Georg Wolff, | Tantzmeister.
Hr. N. Duprëe, |
Hr. Nicolaus Schneemann, Fechtmeister.

Hof-Stall-Parthey.

Hr. Christian Hurm, Hof-Roß-Artzt, und Hof-Schmidt.
Hr. Martin Hertzog, Hof-Wagenmeister.
Hr. Balthasar Luger, Wagenmeister bey denen schweren Hof-Zügen.

Michael

Michael Abel.
Johann Franck.   } Sättel-Knecht.
Nicolaus Arleth.

Veit Weißkopff, Leib-Kutscher.
Lorentz Haupp, Ober-Klepper-Knecht.
Peter Hurm, Reit-Schmidt.
Kilian Fürthner, Reiß-Reit-Schmidt.
Johann Lorentz Köstner, Hof-Wagner.
Joseph Wunderack, Hof-Sattler.
Jacob Waldmann, Hof-Ober-Knecht.
Hanns Georg Helmerich, Ober-Knecht bey dem schweren
   Hof-Fuhr-Wesen.

Moritz Gerhard, | Pages-Diener.
Joseph Gruber, |

Hochfürstlich-Wirtzburgisches Julier-Hospital.

Præsident, Tit. Hr. Carl Philipp Johann Joseph Zobel von
   Gibelstadt, vide pag. 3.
Consulent, Hr. Friderich Joseph Unger, U. J. L. Comes
   Palat. Cæs. Hochfürstl. Wirtzburgischer Geheimer-Rath,
   auch Jagd-und der Probstey Wechterswinckel Consulent.
Pfarrer, Hr. Lotharius Eberhard Becker, vide pag. 14.
Verwalter, Hr. Rudolph Adam Burckard, Hochfürstl. Wirtz-
   burg. Hof-Cammer-Rath.
Secretarius, Hr. Georg Joseph Mayer.
Rentmeister, Hr. Johann Christoph Faulhaber, des Stadt-
   Raths Ober-Burgermeister.
Gegenschreiber, Hr. Georg Joseph Werner.
Medici , | Hr. Johann Peter Ehlen, M. D. vide pag. 70.
              | Hr. Andreas Joseph Rügamer, M. D. vid. pag. 69.
Registrator, Hr. Johann Frantz Xaveri Brunner, Not:
   Cæs. publ.
Spithal-Caplän , | Hr. Frantz Joseph Perabo.
                  | Hr. Antonius Dominicus Bonn.|
                                               Speiser,

Speiſer, Hr. Johann Georg Dorſch.
Protocolliſt, Hr. Johann Ludwig Geiger.
Apothecker, Hr. Johann Baptiſt Mami.

Canzliſten.
Hr. Johann Georg Gribel.
Hr. Johann Conrad Huffnagel.
Hr. Johann Georg Reeder.
Hr. Johann Chriſtoph Heß.
Hr. Joseph Heinrich Callenbach.
Hr. Joachim Harth.

Rudenſchreiber, Hr. Georg Ignatz Leyer.
Gärtner, Hr. Johann Michael Windiſch.
Barbierer, Hr. Frantz Ignatz Vetter, vid. pag. 56.
Kirchner, Philipp Hoffmann.
Büttner, Johann Jacob Hermann.
Metzger, Thomas Schüttinger.

Officianten auf dem Land.

Bergrheinfeld, Hr. Joh. Marx Blumengarth, Amts-Vogt.
Heinrich Braun, Reſier-Jäger.
Carlburg, Hr. Johann Michael Braun, Amts-Vogt.
Gamburg, Hr. Johann Carl Reuder, Keller.
Johann Krämer, Reſier-Jäger.
Heiligenthal, Hr. Valentin Joseph Kießner, Amts-Vogt.
Joh. Endres, Gegenſchreiber u. Reſier-Jäger.
Haßfurt, Hr. Johann Caspar Goartz, Amts-Vogt.
Iphoffen, Hr. Georg Anton Faulhaber, Amts-Vogt.
Seßlach, Hr. Johann Joseph Lang, Verwalter.
Gegenſchreiber. Hr. Carl Anton Marck.
Thüngen, Hr. Johann Anton Laudmann, Amts-Vogt.
Volckach, Hr. Johann Michael Reicherth, Amts-Vogt.
Windheim, Hr. Frantz Andreas Schnitzer, Amts-Vogt.
Claus Siebenliſt, Reſier-Jäger zu Windheim.
Andreas Siebenliſt, Reſier-Jäger auf der Heckmühl.
Hanß Rohn, Reſier-Jäger zu Platz.
Windsheim, Hr. Friderich Philipp Mercklein, Amts-Vogt.
Wolffsmünſter, Hr. Joh. Philipp Frantz Horn, Amts-Vogt.
Philipp Köberſtein, Reſier-Jäger.
Peter Siebenliſt, Reſier-Jäger zu Gräfendorff.
Andreas Siebenliſt, Reſier-Jäger auf dem Omeths.
Johann Michael Kreckel, Jäger zu Oberſinn.

Hoch-

Hochfürstlich-Wirtzburgische Julier-Universität.

Rector Magnificus.

Tit. Hr. Conrad Erasmus Sigismund Heso Freyherr von Rheinach, tot. tit. vide pag. 3.

Cancellarius Perpetuus.

Tit. Hr. Johann Philipp Ludwig Ignatius Freyherr von und in Franckenstein, tot. tit. vide pag. 2.

Pro-Cancellarius.

Tit. Hr. Johann Caspar Barthel, tot. tit. vide pag. 21.

Theologische Facultät.

Decanus. R. P. Henricus Kilber, S. J. der Heil. Schrifft Doctor, Professor publ. & ordin. Theologiæ Scholastico-Dogmaticæ, Vormittag von halb 8. bis halb 9. Uhr.

R. P. Thomas Holtzclau, S. J. der Heil. Schrifft Doctor, Professor publ. & ordin. Theologiæ Scholastico-Dogmaticæ, Vormittag von halb 9. bis halb 10. Uhr.

R. P. Edmundus Voit, S. J. der Heil. Schrifft Doctor, Professor publ. & ordin. Theologiæ Moralis, Nachmittag von 1. bis 2. Uhr.

R. P. Jacobus Hardmann, S. J. der Heil. Schrifft Doctor, Professor publ. & ordin. Theologiæ Polemico-Scripturisticæ, Nachmittag von 2. bis 3. Uhr.

R. P. Thomas Grebner, S. J. der Heil. Schrifft Doctor, Professor publ. & ordin. Historiarum. Nachmittag von 3 bis 4. Uhr.

Juridische Facultät.

Decanus. Hr. Johann Caspar Barthel, der Heil. Schrifft und beeder Rechten Doctor, Sacrorum Canonum Professor publ. & ordin. totius Universitatis & Facultatis Juridicæ Senior, um halb 10. Uhr Vormittag. vid. pag 21.

Hr.

Hr. Johann Jacob Joseph Sündermahler, beeder Rechten
Doctor, Hochfürſtl. Wirtzburg. Geheimer-Rath, Juris
Naturæ & Gentium, uti & publici Romano-Germanici
Profeſſor publ. & ordin um 2. Uhr Nachmittag, dann
Dienſtag und Donnerſtag Vormittag um halb 9. Uhr.

Hr. Frantz Anton Melchior Hauſ, beeder Rechten Doctor.
Comes Palat. Cæſar. Hochfürſtl Wirtzburg. Hof-Rath,
Juris Feudalis ac Criminalis Profeſſor publ. & ordin. &
Fiſcalis Univerſitatis, auf Dienſtag und Donnerſtag um
halb 8. Uhr Vormittag, und 3 Uhr Nachmittag.

Hr. Johann Chriſtian Joseph Unger, beeder Rechten Doctor, Comes Palat. Cæſar. Hochfürſtl. Wirtzburgiſcher
Hof-Rath, Inſtit. Imperial. Hiſt. Jur. Civ. Rom. &
Praxeos Suprem. Dicaſt. Imperii Profeſſor publ. & ordin.
um halb 8. Uhr Vormittag.

Hr. Georg Anton Behr, beeder Rechten Doctor, Comes
Palat. Cæſar. Hochfürſtl. Wirtzburg. und Speyeriſcher re-
ſpectivè Geheimer-und Hof-Rath, Praxeos Juridicæ &
Judiciariæ Profeſſor publ. & ordin. Land-Gerichts-auch
des Julier-Univerſitäts-Receptorat-Amts und des Policey-Gerichts Oberen-Raths Conſulent und Aſſeſſor.

Hr. Johann Baptiſt Böhlein, beeder Rechten Doctor, Hochfürſtl. Wirtzburg. Hof-Rath, Jurium Profeſſor publicus,
Vormittag um halb 9. Uhr.

Mediciniſche Facultät.

Decanus. Hr. Andreas Joseph Rügamer, Philoſophiæ &
Medicinæ Doctor, Inſtitutionum Medicarum Profeſſor
publ. & ordin. um 2. Uhr Nachmittag. vid. pag. 66.

Hr. Johann Vogelmann, Philoſophiæ & Medicinæ Doctor,
Hochfürſtl. Wirtzburg. Hof-Rath, und zweyter Leib-
Medicus, Praxeos & Chymiæ Profeſſor publ. & ordin.
um 9. Uhr Vormittag. vide pag. 56.

Hr. Georg Ludwig Hueber, Philoſophiæ & Medicinæ Doctor, Hochfürſtl. Bamberg. und Wirtzburg. würcklicher
Geheimer-Rath, und erſterer Leib-Medicus, Anatomiæ
& Chirurgiæ Profeſſor publ. & ordin. um 2. Uhr. Nachmittag. vide pag. 55.

Hr.

Hr. Johannes Petrus Ehlen, Philosophiæ & Medicinæ
Doctor, Hochfürstl. Wirtzburg. Hof-Rath, und dritter
Leib-Medicus, Praxeos generalis Professor publ. & ordin.
um 8. Uhr Vormittag. vipe pag. 56. & 66.

Hr. Elias Adamus Papius, Philosophiæ & Medicinæ Doctor, P ofessor Botanices public. & ordin. um 3. Uhr
Nachmittag.

Philosophische Facultät.

Decanus. * R. P. Josephus Kleiner, S. J. AA. LL. & Philosophiæ Magister, Professor publ. & ordin. in Logicâ,
Vormittag von halb 8. bis halb 10. Uhr, Nachmittag von
halb 2. bis halb 4. Uhr.

R. P. Franciscus Huberti, S. J. AA. LL. & Philosophiæ
Magister, Professor publ. & ord. Matheseos, Montag,
Mittwochen und Freytag von 2. bis 3. Viertel auf 3. Uhr.

R. P. Georgius Henner, S. J AA. LL. & Philosophiæ Magister, Professor publ. & ordin. in Physicâ Experimen-
tali, Montag und Mittwochen von 3. Viertel auf 3. bis
halb 4. Uhr.

R. P. Joannes Jacobs, S. J. AA. LL. & Philosophiæ Magister, Professor publ. & ordin. in Physicâ generali &
speciali, Anamasticâ, Metaphysicâ & Ethicâ, Vormittag von halb 8. bis halb 10. Uhr, Nachmittag von halb
2. bis halb 4. Uhr.

Universitatis Syndicus, Hr. Christian Frantz Joseph Landmann, auch Hochfürstl. Wirtzburg. Hof-Rath, vid. pag 15.

Universitatis Pedellus, Hr. Caspar Joseph Winter, Rechnungs-Revisor beym Kayserl. Land-Gericht. vid. pag. 74.

Die Privat-Collegia werden nach Gutbefinden deren Herren
Professoren und deren Herren Auditoren, nicht aber in sol-
chen Stunden, in welchen die vorbemeldte Lectiones publicæ
seynd, gehalten.

Universitäts-Fiscalat-Amt.

Fiscalis. Hr. Frantz Melchior Anton Haus, vide pag. 69.
Actuarius. Hr Caspar Joseph Winter.

Ange-

Angehörige zur Univerſität.

Hr. Michael Anton Müller, Obriſt-Lieutenant, Ingenieur, und Maitre der Ingenieur-Academie, bey welchen von männiglich die Arithmetique, Geometrie, Fortification und Civil-Bau Kunſt, wie auch die Artillerie, dann mehrere zu dieſen Wiſſenſchafften mit eingehörige Erfahrenheiten in allhieſiger Univerſität gantz frey und ohnentgeltlich zu erlernen, täglich von 10. bis 12. Uhr.

Mathematicus. Hr. Johann Georg Joſeph Jäger, Medicinæ Doctor, und Stadt-Phyſicus zu Kißingen.

Arithmeticus. Hr. Johann Adam Lohr, Notar. Cæſar. publ.

Sprachmeiſter, Hr. Frantz Ludwig le Comte.

Schreib- und Orthograph. Meiſter, auch deren Herren Alum. Nobil. Semin. Hr. Johann Theodor Heinrich Zeylmann.

Tantzmeiſter, Hr. Johann Georg Wolff.

Fechtmeiſter, Hr. Nicolaus Schneeman.

Kupferſtecher, Hr. Balthaſar Gutwein.

Buchbinder, Jacob Vierheilig.

Hochfürſtlich-Wirtzburgiſches Julier-Univerſitäts-Receptorat-Amt.

Præſident, Tit. Hr. Philipp Rudolph Heinrich Joſeph von Rothenhan. tot. tit. vid. pag. 3.

Conſulent, Hr. Georg Anton Behr, U. J. D. Comes Palat. Cæſar. vid. pag. 69.

Receptor, Hr. Eugenius Colonatus Heinrich Geigel, des Stadt-Raths.

Bibliothecarius, Hr. Chriſtian Frantz Joſeph Landmann, vide pag. 15.

Bibliothecarius, Hr. Joh. Andreas Brand, der H. Schrifft und beeder Rechten Doctor, vide pag. 14.

Bibliothecarius, Hr. Carl Ignatius Antoni, auch Churfürſtl. Cöllniſcher Rath.

Gegenſchreiber, Hr. Johann Röhrig.

Secretarius, Hr. Johann Georg Gießbacher.

Regiſtrator, Hr. Adam Conrad Limburg.

Cantz-

Cantzlisten,
{
Hr. Johann Weiß.
Hr. Johann Georg Stumpff, auch Stadt-Gerichts-Assessor und Actuarius.
Hr. Georg Wilhelm Frantz Landmann,
}

Johann Engicha, Receptorats-Diener.

Officianten auf dem Land.

Arnstein, Hr. Johann Adalbert Kuhn, Verwalter.

Zu Breitensee.
{
Hr. Carl Ferdinand Ebelin, Keller.
Hr. Jacob Ulrich, Gegenschreiber.
Andreas Lutz, Refier-Jäger.
}

Birnfeld,
{
Hr. Johann Georg Mahler, Amts-Vogt.
Joseph Eulenhaupt, Refier-Jäger.
}

Closterhausen,
{
* Hr. Johann Georg Preß, Amts-Verwalter.
Hr. Sebastian Schäffer, Lehen-Renovator.
* Frantz Keinast, Refier-Jäger.
}

Gamburg,
{
Hr. Johann Carl Reuter, Keller.
Johann Krämer, Refier-Jäger.
}

Lechenroth,
{
Hr. Johann Joseph Lang, Verwalter, auch Hochfürstl. Wirtzburg. Keller zu Seßlach.
Gegenschreiber, Hr. Carl Anton Marck.
Jacob Horn, Refier-Jäger.
}

Marienburghausen.
{
Hr. Frantz Caspar Lotz, Verwalter.
Hr. Anton Benedict Endres, Gegenschreiber.
Peter Trosl, Refier-Jäger.
Johann Peter Rüger, Jäger zu Creutzthal.
}

Muckenbach, Hr. Johann Caspar Goartz, Verwalter.

Sodenberg.
{
Hr. Johann Philipp Frantz Horn, Amts-Vogt.
Johann Herget, Refier-Jäger.
* Nicolaus Sibenlist, Adjunct.
}

Werneck, Hr. Georg Marr, Verwalter.

Wüstensachsen,
{
Hr. Christoph Adam Rudolph, Amts-Vogt.
Sebastian Kapdel, Refier-Jäger.
Johann Michael Müller, Refier-Jäger auf dem Gangolffs-Berg.
}

Bibergau, Hr. Johann Hackh, Schultheiß.

Kay-

Kayserliches Land-Gericht Hertzogthums zu Francken.

Landrichter.

Tit. Hr. **Conrad Erasmus Sigtsmund Heso**, Freyherr von Reinach, tot. tit. vide pag. 3.

Adeliche Herren Beysitzer.

Hr. **Lotharius Godfrid Heinrich**, Freyherr von Greiffenclau zu Vollraths, vide pag. 52.

Hr. **Constantin** Freyherr von Mauchenheim, genannt Bechtelsheim, Hochfürstl. Wirtzburg. Geheimer-Rath, des Kayserl. Land-Gerichts Hertzogtbnms zu Francken Assessor, Ober-Amtmann zu Kitzingen, Ikhoffen und Marckbibarth.

Hr. **Philipp Wilhelm** von Cronegg, Hochfürstl. Wirtzburg. Hof-Rath, und des Kayserl Land-Gerichts Hertzogthums zu Francken Assessor, Ober-Amtmann zu Aura Trimberg.

Hr. **Frantz Philipp Augustin Adolph** von Gebsattel, Hochfürstl. Wirtzburg. Hof-Rath, dann des Kayserl. Land-Gerichts Hertzogthums zu Francken Assessor, und Ober-Amtmann zu Homburg am Mayn.

Hr. **Christoph Veit Philipp**, Freyherr von Fuchs, vid. pag. 53.

Hr. **Heinrich Voit** von Saltzburg, vid. pag. 54.

Hr. **Carl Heinrich Joseph Zobel** von und in Giebelstatt, vide pag. 55.

Hr. **Frantz Carl von Murach**, vid. pag. 54.

Herren Consulenten.

Hr. **Georg Heinrich Romeisen**, J. U. D. Hochfürstlich. Wirtzburg. Hof-Rath, und des Kayserl. Land-Gerichts Consulent und Syndicus.

Hr. **Philipp Ernst Marschall**, genannt Margraff, Hochfürstl. Policey-Gerichts des Obern-Raths Secretarius.

Hr. **Johann Sigmund Wentzel**, auch Hochfürstl. Wirtzburg. Spithal-Verwalter zu Neustadt an der Saal.

Hr. **Frantz Anton Brand**, vid. pag. 15.

Hr. **Georg Anton Behr**, U. J. D. Comes Palatinus Cæsareus, vid. pag. 69.

Hr. **Johann Georg Ley**, J. U. D. vid. pag. 14. & 65.

Hr.

Hr. Christoph Eberhard Kilian Armbknecht, auch Hochfürstl. Wirtzburg. Hof-Rath, und Archivarius.

Hr. Johann Carl Metz, vid. pag. 15.

Hr. Georg Wilhelm Montag, Advocatus und Procurator bey Hochfürstl. Wirtzburg. Regierung.

Hr. Johann Peter Nitribitt, Com. Palat. Cæsar. &
Notar. Apostol. auch Hochfürstl. Wirtzburg. Hof Rath.

Hr. Conrad Philipp Hemmerlein, auch Hof-Caimmer-
Rath, und Zoll-Amtmann. vid. pag. 50.

Hr. Joseph Michael Bauermiller, J. U. L.

Hr. Johann Balthasar Nicolaus Höffling

Hr. Georg Philippus Hermann Frantz Kelleri, U. J. L.
auch Hofraths Secretarius bey Hochfürstl. Regierung.

Hr. Georg Adam Ernst Kießner, vide Amt Ebern.

Hr. Georg Jacob Vay, Com. Palat. Cæf. auch der Prä-
latur Bildhaussen Syndicus.

Hr. Johann Peter Ameut, auch Crays-Secretarius zu
Nürnberg.

[* Hr. Frantz Ludwig Anding, vid. pag. 9.

Land-Gerichts-Substitutus, Hr. Lorentz Drexler.

Rechnungs-Revisores. { Hr. Georg Christoph Peter, Notar.
Apost. & Cæsar. vid. pag. 14.
Hr. Caspar Joseph Winter, vide
pag. 70.

Procuratores & Advocati.

Hr. Johann Winter, Hochfürstl Regierungs-Hof-
Gerichts-Vicariats-und Consistorial-wie auch des
Policey-Gerichts des Oberen-Raths, und übrigen
Gerichtern Advocatus, Notar. Cæsar. publ.

Hr. Johann Christoph Wolffsteiner, U. J D. Hochfürstl.
Wirtzburg. Regierungs-Hof-Gerichts-wie auch Vi-
cariats-und Consistorial-Advocatus, Notar Apostol.
& Cæsareus, dann des Policey-Gerichts des Obern-
Raths Consulent und Assessor.

Hr. Caspar Alffs, auch Hochfürstl. Regierungs-und Hof-
Gerichts Advocatus, vide pag. 22.

Hr. Johann Michael Kleinheins, Hof-Gerichts-wie
auch Vicariats-und Consistorial-Advocatus, Notar.
Cæsar. publ.

Hr.

Procuratores. Herren
[Hr. Johann Joseph Christian Brack, J. U. L.
| Hr. Johann Michael Sorger, J. U. L. Not. Publ.
  Cæsar.
| Hr. Heinrich Wilibald Germershausen.
[* Hr. Ignatius Freybott, J. U. L.

Hr. Johann Matthäus Düring, Notar. Apostol. & Cæsar.
publ. jurat. Archivio Romanæ Curiæ immatriculatus.
Johann Nicolaus Mayer, Land-Gerichts-Dienere.

Ordentliche Gerichts-Tåg des Kayserlichen Land-Gerichts und Herzogthums zu Francken für dieses 1760ste Jahr.

1. Montag nach Heil. 3. Königen, den 7. Januarii.
2. Montag nach Mariå-Lichtmeß, den 4. Februarii.
3. Montag nach Oculi, den 10 Martii.
4. Montag nach Quasimodogeniti, den 14. Aprilis.
5. Montag nach Cantate, den 5. Maji.
6. Montag nach Fronleichnam, den 9. Junii.
7. Montag nach Kiliani, den 14. Julii.
8. Montag nach Laurentii, den 11. Augusti.
9. Dienstag nach Mariå-Geburt, den 9. Septembris.
10. Montag nach Remigii, den 6. Octobris.
11. Montag nach Martini, den 17. Novembris.
12. Dienstag nach Nicolai, den 9. Decembris.

Jedes Land-Gericht dauret 3. Tåg nacheinander, und nehmen die Sessiones jederzeit ihren Anfang fruhe um 8. Uhr.

Hochfürstl. Wirtzburg. Kriegs-Rath.

Præsident.

Tit. Hr. Johann Godefrid Ignatius von Wolffskeel, tot. tit. vide pag. 2.
Hr. Johann Philipp Christoph Reibelt, tot. tit. vide bey Hochfürstl. Wirtzburg. Regierung.

G 5   Hr.

Hochfürstliche Kriegs-Räthe.

Hr. Johann Georg Freyherr von Hutten zu Stoltzen-
berg, Sr. Kayserl. Majestät würcklicher Cammer-
Herr, Hochfürstl. Wirtzburg. Geheimer- und Hof-
Kriegs-Rath, auch General-Feld-Zeugmeister,
Stadt- und Schloß-Commendant zu Wirtzburg.

Hr. Carl Reinhard von Drardorff, Hochfürstl. Wirtzburg. Geheimer- und Hof-Kriegs-Rath, Hochfürstl.
Wirtzburgischer, auch Sr. Kayserl. Majest. würcklicher General-Feld-Marschall Lieutenant.

Hr. Johann Godefrid Ernst von Wolffskeel zu Lindfluhr,
Hochfürstl. Wirtzburg. General-Feld-Wachtmeister,
und Commendant des Dragoner-Regiments.

Hr. Johann Wentzel Ottkoleck, Freyherr von Augest,
vide pag. 53.

Hr. Carl Heinrich von Verlepsch, Hochfürstl. Wirtzburgischer General-Feld-Wachtmeister.

Hr. Frantz Joachim Wilhelm Heß, vid. pag. 49.

Hr. Bernard Emmannel Prümmer, vid. pag. 49.

Hr. Johann Heinrich Hieronymus Mayer, vid. pag. 50.

Hr. Moritz Johann Dieterich, Secretarius.
Hr. Frantz Bernard Ludwig Friderich, Protocollist.
Philipp Depser, Kriegs-Raths-Bedienter.

✶✩✶✩✶✩✶✩✶✩✶✩✶✩✶✩✶✩✶

Hochfürstl. Garnisons-Staab in Wirtzburg.

General-Feld-Zeugmeister und Commendant, Hr. Johann
Georg Freyherr von Hutten zu Stoltzenberg, vide supra.

General-Feld-Merschall Lieutenant, Hr. Carl Reinhard
Freyherr von Drardorff, vide supra.

General-Feld-Wachtmeister von der Cavallerie, Hr. Joh.
Godefrid Ernst von Wolffskeel, vide supra.

General-Feld-Wachtmeister und Schloß-Commendant,
Hr. Anton Ulrich Philipp Ernst von Ritterich, Freyherr
von Radmannsburg.

General-Feld-Wachtmeister, Hr. Carl Heinrich von Verlepsch, vide supra.

Obrister,

Obrister, Hr. Carl Christoph von Seckendorff.

Obrist-Lieutenant, Hr. Johann Adam Bock.

Obrist-Wachtmeister und Hochfürstl. General-Adjutant, Hr. Philipp Christoph Wilhelm Freyherr von Guttenberg, vide pag. 54.

Kriegs-Commissarius, Hr. Joachim Heinrich Hieronymus Mayer, vide pag. 50.

Platz-Major, Hr. August. Lambert Rzebenarz von Harrach.

Stadt- und Ober-Auditeur, Hr. Johann Anton Friderich Großgebauer, vide pag. 16.

Lieutenant und General-Adjutant, Hr. Nicolaus Ranner.

Platz-Lieutenant, Hr. Johann Müller.

Würcklicher Garnisons- und des Fränckischen Crayses Feld-Medicus, Hr. Joachim Augustin Sultzbeckh, Phil. & Med. Doct. wie auch des Hochfürstl. Lazareth-Director Chirurgiæ.

Soldaten-Pfleg- und Lazareth-Verwalter, auch Inspector der alten Caserne, Hr. Albert Peter Kauppert, und des Policey-Gerichts oder Ober-Raths Assessor.

Inspector der neuen Caserne, Hr. Johann Wendel Butzfeld, vide pag 60.

Stadt-Prosoß, Heinrich Bruckner.

Eucharius Katzenberger, Haus- und Krancken-Vatter im Lazareth.

Garnisons-Staab zu Königshoffen im Grabfeld.

General-Feld-Marschall Lieutenant und Commendant, Hr. Carl Reinhard Freyherr von Draxdorff, vid. pag. 76.

Vice-Commendant und Platz-Obrist-Lieutenant, Hr. Johann Peter von Cleßheim.

Platz-Lieutenant, Hr. Johann Friderich Köhler.

Lieutenant und Zeugmarth, * Hr. Frantz Wagner.

Hochfürstl. Wirtzburgisches Policey-Gericht des Oberen-Raths.

Præsident.

Tit. Hr. Philipp Anton Christoph Ernst Freyherr von Guttenberg, tot. tit. vid. pag. 4.

Tit.

Tit. Hr. Philipp Joseph Freyherr von Münſter, Hochfürſtl.
Wirtzburg. Geheimer-Rath und Vice-Dom der Stadt
Wirtzburg, auch Ober-Amtmann zu Heydingsfeld.

Hr. Johann Philipp Lanius, J. U. D. vid. pag. 13. des
Gerichts Senior.

Hr. Johann Philpp Horn, vid. pag. 23.

Hr. Georg Anton Behr, U. J. D. Conſulent, vid. pag. 69.
Viſitator Impreſſorum

Hr. Johann Chriſtoph Wolffſteiner, U. J. D. Conſulent, vid. pag. 74. Vorgeſetzter deren Wachsziehern,
Spenglern, Glaſern, Knopffmachern, und Kanten-
gieſſern, Commiſſarius der Allmoſen-Ordnung.

Hr. Johann Chriſtoph Jäger, M. D und Stadt-Phyſicus.

Hr. Joh Joſeph Michael Laudenſack, des Stadt-Raths
vid pag. 9. Vorgeſetzter deren Peruquenmacheren,
Beutlern, Gürtlern, und Tünchern, Commiſſarius des
Häfen-Handels- und verbottenen Feyertäglichen Feil-
ſchafften.

Hr. Georg Wilhelm Caſimir Lurtz, des Stadt-Raths
Steuer-Ober-Einnehmer, auch des Stadt-Saal- und
Brucken-Gerichts Aſſeſſor, Vorgeſetzter der Handel-
ſchafft, Schön- und Schwartz Fä bern, Seilern, Schu-
ſtern, und Schuh-Knechten, Viſitator Impreſſorum,
Commiſſarius des Getraid-Marcks und Satzes.

Hr. Frantz Anton Sauer, vid. pag. 50. Vorgeſetzter deren Bortenmachern, Leinenwebern, Sporern, und Alt-
machern, Commiſſarius deren Wein-Unter-Kaufferen
und Dienſt-Bothen.

Hr. Johann Gottfried Berabo, Handelsburger, Vorgeſetzter deren Sattleren, Zimmer- und Mauer-Meiſtern
und Geſellen, auch Wagnern, Commiſſarius deren
Zieh-Bronnen.

Hr. Dominicus Buſch, Hochfürſtl. Billard-Inſpector,
Traiteur, und Redouten-Meiſter, Vorgeſetzter deren
Büttner-Meiſtern und Knechten, Kärnern, und Lehen-
Kutſchern, dann Strumpf-Strickern, Commiſſarius
des Waſſer-Marck Rechts in Pfählen, Brettern, Raif-
ſen, und Schmidts-Kohlen, dann des Saltzes, auch
des

des Brönn-Holtz-Magazin Gegenschreiber, und Brönn-Holtz Taxator.

Hr. Frantz Sixtus, Apothecker, Vorgesetzter deren Rothgerbern, Schreinern und Orgelmachern, Tachdeckern und Schneidern, des Gerichts Cassæ-Meister und Gegenschreiber, Commissarius der Gassen-Guß- und Abfluß-Sauberkeit.

Hr. Carl Anton Venino, Handelsburger, Vorgesetzter deren Kürschneren, Hueff- und Zeug-Schmieden, Drechsleren, Höckneren, und Saiffen-Siedern, Commissarius des Unschlitts-Tax.

Hr. Johann Georg Hartmann, Handelsburger, Vorgesetzter deren Gold-Schmieden, Bürstenbinderen, Kamm- und Siebmacheren, auch Melberen, Commissarius der Marck-Ordnung, Gärtnerey, und Obst-Feilschafft, auch Höcken, und Brönn-Holtz Taxator.

Hr. Albert Peter Lauppert, vide pag. 77. Vorgesetzter deren Metzgern, Schlossern und Uhrmachern, Fischern, Buchbindern, Rosencrantzmachern, auch Beckenknecht, Commissarius des Wasser-Marck-Rechts, Pfählen, und Weinseyer-Beschau, auch Brönn-Holtz Taxator.

Hr. Johann Baptist Proili, Handelsburger, Vorgesetzter deren Barbirer und Baadern, Hutern, Tuchmachern, Messerschmidt, Caminfegern, Commissarius des Gewichts, Ehlen, und Maas.

Assessores.

Hr. Philipp Ernst Marggraff, Secretarius, vide pag. 73.

Hr. Frantz David Marggraff, Secretarius.

Hr. Frantz Anton Schäffner, Ober-Raths und verschiedenen Handwerckeren Zunfft-Schreiber.

Hr. Johann Joseph Klüpffel, Registrator, Not. Cæs. publ.

Hr. Johann Fegelein,
Hr. Johann Adam Wirth, } Brenn-Holtz-Unterkauffere.

Hr. Michael Huth,
Hr. Johann Leibes,
Hr. Leonard Finckler,
Hr. Ignatz Ulsamer, } Wein-Unterkäuffere.

Johann

Johann Cuymus, Zimmermeiſter,
Leonard Greißling, Zimmermeiſter,
Michael Röder, Mauermeiſter,
Michael Zängerlein, Mauermeiſter, } Stadt-Bau-Geſchworne.

Joſeph Reuter,
Stephan Schruck, } Gerichts-Diener.

Johann Georg Schüttinger, Viehe-Schlacht-Bruckenſperrer.

Johann Geres,
Valentin Kieſer, } Viehe-Unterkauffere.
Jacob Gängler.

Johann Georg Kempff,
Johann Martin Leherieder, } Marck-Knechte.
Paul Lutz,

Die Gerichts-Täge ſeynd Montags und Freytags von 9.
bis 12. Uhr.

Hochfürſtlich-Wirtzburgiſche Regierung.

Regierungs- und Hof-Raths-Præſidenten.

Tit. Hr. Ferdinand Chriſtoph Peter Freyherr von Sickingen, tot. tit. vide pag. 4.

Tit. Hr. Lotharius Frantz Philipp Carl Heinrich Freyherr von Greiffenclau zu Vollraths, tot. tit. vid. p. 5.

Hof-Cantzlar.

Tit. * Hr. Johann Philipp Chriſtoph Reibelt, Hochfürſtl.
Wirtzburg. Geheimer-Rath, Hof-Cantzlar, und Hof-
Kriegs-Rath.

Geheime

Geheime Hof- und Regierungs-Räthe.

Adeliche.

Hr. Heinrich Godefrid Freyherr von Welden, Hochfürstl. Wirtzburg. Geheimer-Rath.

Hr. Godefrid Ludwig Adam Gottlob Zobel von und in Giebelstatt, Hochfürstlich Wirtzburgischer Geheimer-Rath, vide Amt Röttingen.

Hr. Joseph Frantz Graf von Schönborn, Hochfürstl. Wirtzburg. Geheimer-Rath, vide Amt Gemünden.

Hr. Ernst Wilhelm Frantz Anton Freyherr von Guttenberg, Hochfürstl.Wirtzb.Geheimer-Rath,videAmtGeroltzhofen.

Hr. Adalbert Friderich von Rosenbach, Hochfürstlich-Wirtzburgischer Geheimer-Rath, vide Amt Arnstein.

Hr. Friderich Anton Johann Valentin Zobel von Siebelstatt, Hochfürstl.Wirtzb. Geheimer-Rath, vide Amt Grünsfeld.

Hr. Constantin von Mauchenheim genannt Bechtelsheim, Hochfürstl.Wirtzburg.Geheimer-Rath,vid.Amt Kitzingen.

Hr. Johann Georg Freyherr von Hutten zu Stoltzenberg, Hochfürstl. Wirtzburg. Geheimer-Rath, vide pag. 75.

Hr. Ernst August Freyherr von Klenck, Hochfürstl. Wirtzburgischer Geheimer-Rath, vid. Amt Haßfurth.

Hr. Johann Philipp Freyherr von Bibra zu Schwebenheim, Hochfürstl.Wirtzburg. Geheimer-Rath.

Hr. Philipp Joseph Freyherr von Münster, Hochfürstlich. Wirtzburg. Geheimer-Rath und Vice-Dom, vid. pag. 78.

Hr. Frantz Philipp von Bettendorff, Hochfürstl. Wirtzburg. Geheimer-Rath.

Hr. Constantin Freyherr von Welden, Hochfürstl.Wirtzburg Geheimer-Rath. vide pag. 65.

Hr. Johann Christoph von Wolffkeel zu Reichenberg, Hochfürstl. Wirtzburg. Geheimer-Rath, vide Amt Carlstadt.

Hr. Constantin Freyherr von Pöllnitz, Hochfürstl.Wirtzburgischer Geheimer-Rath, vide pag. 61.

Hr. Ludwig Emmanuel Hugo Freyherr von Guttenberg zu Sternberg, Zimmerau und Sultzdorff, Hochfürstl. Wirtzburgischer Geheimer-Rath, vide Amt Ebern.

Hr.

Adeliche.

Hr. Johann Joseph von Kün-
sperg, Hochfürstl. Wirtz-
burgischer Geheimer-Rath,
und Hochfürstlich-Bam-
bergischer Ober-Amtmann
zu Cronach.

Hr. Johann Philipp Veit von
Würtzburg zu Mittwitz,
Burggrav und Haig, Hoch-
fürstl. Wirtzburgischer Geheimer-Rath.

Hr. Carl Reinhard von Draxdorff, Hochfürstl. Wirtzburgischer Geheimer-Rath,
vide pag. 76.

Hr. Johann Wentzel Ottko-
leck Freyherr von Augest,
Hochfürstlich-Wirtzburgi-
scher Geheimer-Rath, vide
pag. 53.

Hr. Joseph Christian Lochner
von Hüttenbach, Hoch-
fürstlich-Wirtzburgischer
Geheimer-Rath, vid. Amt
Rottenfels.

Hr. Carl Ludwig Groß von
und in Trockau, Hochfürstl.
Bamberg-und Wirtzburgi-
scher Geheimer-Rath.

Hr. Carl Heinrich Godefrid
von Buttlar zu Krautheim,
Hochfürstl. Wirtzburg. und
Fuldatscher Geheimer-
Rath, dann Obrist-Lieu-
tenant bey dem Ober-
Rheinischen Crays-Drago-
ner-Regiment.

Gelehrte.

Hr. Johann Gregorius Flen-
der, beeder Rechten Doctor,
Hochfürstl. Wirtzburgischer
Geheimer-Rath und Syn-
dicus.

Hr. Georg Friderich Zehner,
beeder Rechten Doctor,
Hochfürstl. Wirtzburgischer
Geheimer-Rath, vide
pag. 9.

Hr. Johann Wilhelm Eben-
höch, J. U. L. Comes Pa-
lat. Cæl. Hochfürstl. Wirtzburgischer Geheimer-Rath,
vide pag. 15.

Hr. Friderich Joseph Unger,
J. U. L. Comes Pal. Cæl.
Hochfürstl. Wirtzburg. Geheimer-Rath, vide pag.
66.

Hr. Georg Daniel Nötblein,
J U. D. Hochfürstl. Wirtz-
burg. Geheimer-Rath, und
Hof-Cammer-Consulent.

Hr. Bernard Eimmanuel Prä-
mer, Hochfürstl. Wirtzburgischer Geheimer-Rath,
vide pag. 49.

Hr. Joachim Leonard Schul,
J. U. D. Hochfürstl. Wirtzburgischer Geheimer-Rath.

Hr. Joseph Cornelius von
Habermann, Sac. Cæl. Pal.
Comes Hæred. Hochfürstl.
Wirtzburgischer Geheimer-
Rath, und Lehen-Probst,
vide pag. 18.

Hr.

Adeliche.

Hr. Carl Adolph , Frey-
herr von Greiffenclau,
vid. pag. 53.

Hr. Christoph Velt, Frey-
herr von Fuchs , vid.
pag. 73.

Hr. Frantz Philipp
Adolph von Gebsattel,
vid. pag. 73.

Hr. Sigismund , Frey-
herr von Guberus.

Hr. Christoph Adolph
Carl Graf von Ingel-
heim, vid. pag. 7. &
53.

Hr. Joseph Anton Kolb,
Freyherr von Rhein-
dorff, vid. pag. 54.

Hr. Heinrich Voit von
Saltzburg, vid. pag. 73.

Hr. Philipp Wilhelm von
Cronegg, vid. pag. 73.

Hr. Frantz Wilhelm Frey-
herr von Guttenberg,
vid. pag. 54.

Hr. Joseph Frantz Kaup
pers von Kleimenthal.

Hr. Wilhelm Lucas von
Quad, vid. pap. 55.

Hr. Philipp Anton Frey-
herr von Greiffenclau,
vid. pag. 54.

Hr. Carl Frantz von Mu-
rach , vid. pag. 73.

Hr. Friderich Freyherr
von Hütten zu Stolzen-
berg , vid. pag. 54.

Gelehrte.

Hr. Michael Anton Hart-
mann, J. U. L. Hochfürstl.
Wirtzburgischer Geheimer-
Rath, und Crays-Gesand-
ter bey dem Löbl. Fränck-
ischen Crays-Convent zu
Nürnberg.

Hr. Georg Andreas Cajetanus
Schäffner, J. U. L. Hoch-
fürstl. - Wirtzburg. Hof-
Rath.

Hr. Anton Frantz Joseph
Cirtus, J. U. L. Hoch-
fürstl. Wirtzburgischer Hof-
Rath.

Hr. Johann Joseph Janatz
Gerlach, J. U. L. Hoch-
fürstl. - Wirtzburg. Hof-
Rath.

Hr. Frantz Melchior Anton
Haus, beeder Rechten Do-
ctor, Com. Pal. Cæf. Hochfürstlich - Wirtzburgischer
Hof-Rath, vide pag. 69.

Hr. Georg Anton Behr,
J. U. D. Comes Palat.
Cæsar. Hochfürstlich-Wirtzburgischer Hof-Rath, vid.
pag. 73.

Hr. Christoph Eberhard Kilian Armbknecht , Hoch-
fürstlich - Wirtzburgischer
Hof-Rath, vid. pag. 73.

Hr. Johann Anton Friderich
Grohgebauer , Hochfürstl.
Wirtzburgischer Hof-Rath,
vid. pag. 16.

H   Hr.

Hochfürstlich-Wirtzburgische Hof-Räthe.

Adeliche.

Hr. Carl Heinrich Zobel von und in Giebelstatt, vide pag. 73.

Hr. Frantz Ludwig zu Rhein, ride pag. 55.

Hr. Ludwig Anton von Rechbach.

Hr. Theophilus Frantz von Reigersberg, vid. pag. 55.

Hr. Frantz Ludw. Carl von und zu Erthal, vid. p. 6.

He. Johann Carl Sigismund Freyherr von Thüngen, vid. pag. 55.

* Hr. Friderich Carl Zobel von Giebelstatt.

* Hr. Joseph Anton von Quadt.

Hr. Mathes Frantz Friderich Joseph von Fichtl.

Gelehrte.

Hr. Frantz Gallus Heinrich Sartorius, J. U. L. Hochfürstl. Wirtzburg:scher Hof-Rath.

Hr. Christian Frantz Joseph Landmann, Hochfürstlich-Wirtzburg. Hof-Rath, vid. pag. 15.

Hr. Johann Peter Nitribitt, Hochfürstl. Wirtzburgischer Hof-Rath, vid. pag. 74.

Hr. Carl Joseph Kleinschrod, J. U. L. Hochfürstl. Wirtzburgischer Hof-Rath.

* Hr. Johann Martin Leo, Hochfürstl. Wirtzburgischer Hof-Rath.

Regierungs-Fiscal.

Hr. Johann Carl Metz 2c. vide pag. 15.

Regierungs-Secretarii.

Hr. Johann Carl Metz, Malefiz-Amt-Secretarius. vide pag. 15.

Hr. Christoph Eberhard Kilian Armbknecht, Archivarius und Ober-Registrator, vide pag. 83.

Hr. Johann Ludwig Anton Woltz, Gebrechen-Amts-Secretarius.

Hr. Johann Aegidius Neckermann, Tax-und Bottenmeister.

Hr. Georg Philipp Hermann Frantz Kelleri, J. U. L. Hof-Raths-Secretarius, vide pag. 74.

Hr. Johann Peter Ament, Crays-Secretarius zu Nürnberg, vid. pag. 74.

* Hr. Lorentz Caspar Raul, Lehen-Amts-Secretarius.

Regie-

Regierungs = Registratores.

Hr. Johann Georg Fegelein, vid. pag. 59.

Hr. Joh. Philipp Laubreis.

Hr. Nicolaus Jacob Liebler, vid. pag. 9.

Hr. Frantz Caspar Schneeweiß.

Hr. Johann Georg Laudensack, Com. Palat. Cæsar,

und des Stadt-Raths, vid. pag. 59.

Hr. Johann Philipp Sebastian Dürrig.

Hr. Conrad Ignatz Schlött, auch Stadt-Gerichts-Assessor, vid pag. 92.

Hr. Georg Michael Joseph Horn, J. U. L. Com. Palat. Cæsar.

Regierungs = Cantzellisten.

Hr. Jeremias Höhn.

Hr. Johann Barthel Lang.

Hr. Johann Molitor.

Hr. Frantz Adam Schwab.

Hr. Joseph Michael Kipp, vid. pag. 65.

Hr. Johann Theodor Heinrich Teylmann, vid. pag. 71.

Hr. Johann Barthel Kelh.

Hr. Georg Anton Sebald.

Hr. Joseph Anton Voll.

Hr. Johann Müller.

* Hr. Joseph Michael Vornberger.

Regierungs = Dienere.

Johann Michael Fischer. | Frantz Martin Woschöt.

Regierungs = Botten.

Johann Albert.

Frantz Schrempff.

Leonard Kern.

Hanns Jörg Naftich.

Christoph Hirtzel.

* Joseph Vögel.

Buchbinder, Hr. Johann Horn.

Die ordinari Sessiones seynd wöchentlich Montag, Dienstag, Donnerstag und Freytags von Morgens 9. bis um 12. Uhr.

Auf

Auf folgende Täge aber ist ordinaire keine Session.

Von Donnerstag vor Ostern, bis den Mittwochen nach Ostern.

Von Donnerstag vor Pfingsten, bis den Mittwochen nach Pfingsten.

Von Weyhnachten bis Neu-Jahr.

S. Sebastiani.	S. Viti.
S. Valentini.	Octavâ S. Kiliani.
Fastnacht-Montag und Dienstag.	Transfigurationis Christi.
	S. Cyriaci.
Ascher-Mittwoch.	S. Burchardi.
S. Georgii.	Animarum.
S. Marci.	S. Martini.
S. Joannis Nepomuceni.	S. Elisabethæ.
Creutz-Wochen. Montag, Dienstag, Mittwochen.	S. Catharinæ.
	S. Barbaræ.
Octavâ Corporis Christi.	S. Nicolai.

Hof- und Cantzley-Gerichts-Täge.

Donnerstag den 10. Januarii.	Donnerstag den 17. Julii.
Donnerstag den 7. Februarii.	Donnerstag den 14. Augusti.
Donnerstag den 13. Martii.	Freytag den 12. Septembris.
Donnerstag den 17. Aprilis.	Donnerstag den 9. Octobris.
Donnerstag den 8. Maji.	Donnerstag den 20. Novemb.
Freytag den 12. Junii.	Freytag den 12. Decembris.

Auf obigen Tägen Nachmittags um 2. Uhr werden die dahin qualificirte Causæ vorgetragen, auch Urtheil publiciret.

Hof-Gerichts- und Regierungs-Advocati.

Hr. Johann Winter, vid. pag. 74.

Hr. Johann Christoph Wolffsteiner, vid. pag. 74.

Hr. Caspar Theodor Alffs, vide pag. 74.

Hr. Frantz Anton Brand, vid. pag. 15.

Hr. Johann Jacob Burckstabler, J. U. L.

Hr. Anton Nicolaus Bauer, U. J. D.

Hr.

Hr. Georg Wilhelm Montag, vid. pag. 73.

Hr. Johann Michael Kleinheinz, vid. pag. 74.

Hr. Joseph Jungkunt.

Hr. Johann Joseph Christian Brack, J. U. L. vid. pag. 74.

Hr. Johann Michael Sorger, vid. pag. 74.

Hr. Heinrich Willbald Germershausen, vid. pag. 74.

* Hr. Ignatius Freybott, J. U. L vid. pag. 74.

Procuratores.

Hr. Frantz Hartmann Gräffner, Notar. Cæs. publ.

Hr. Christian Frantz Bür, Not. Cæs publ.

Hochfürstl. Wirtzburg. Lehen-Hof.

Lehen-Probst.

Hr. Joseph Corneli von Habermann, vid. pag. 12.

Lehen-Secretarius.

Hr. Lorentz Caspar Raul, vid. pag. 84.

Fürstliche, Gräfliche und Adeliche Vasallen des Fürstenthums Wirtzburg.

Nach Alphabetischer Ordnung.

Fürstliche Vasallen.

Ihro Hochfürstliche Durchlaucht, Herr Landgraf zu Hessen-Cassel.

Hohenlohe-Waldenburg. Schillings-Fürst, zu Bartenstein. Pfedelbach.

Isenburg.

Hessen-Darmstadt.
Hessen-Hanau.
Hatzfeld und Gleichen.
Löwenstein-Wertheim.
Sachsen-Mainungen.
Schwartzenberg.
Stollberg-Gedern.
Der hohe Teutsche Orden.

Gräf-

Gräfliche Vasallen.

Herren Grafen.

von Castell zu Rüden-
hausen.

zu Castell.
zu Remlingen.
Rheweiler.

von Hohenlohe - Neuen-
stein zu Weickersheim.

Oehringen.
Langenburg.
Ingelfingen.
Kirchberg.

von Isenburg.
von und zu Leonrode.

Herren Grafen.

Fuchs von Bimbach und
Dornheim.
von Giech zu Thurnau.
von Hatzfeld.
Die Gräflich - Limburgi-
sche Söhn und Töchter
Lehens - Folgere.
von und zu Nelpperg.
von Wicklar.
von Schönborn.
von Stadion.
von Stollberg zu Schwar-
tzau.
Voit von Rieneck.

Lehenträgere deren Stifftern, Clöstern und Stifftungen.

Hr. Abbt des Closters Bantz.
des Closters Langheim,
des Closters Speinshard,
in der Oberen Pfaltz.
des Closters Theres.
Das Adeliche Ritter - Stifft
Comburg.
S. Catharinæ-Spithal zu
Bamberg.
Carmeliter Closter in Wirtzburg.
Closter zum Heiligen Grab
nächst Bamberg.
Collegiat - Stifft Neu - Münster zu Wirtzburg.

S. Elisabethæ-Spithal, und
Sander - Siechen - Hauß zu
Bamberg.
Julier - Hospithal.
Julier - Universitäts - Recep-
torat - Amt.
Spithal zu Dinckelspiel.
Spithal zu Kitzingen.
Spithal zu Newstadt an der
Saal.
Spithal zu Rottenburg an
der Tauber.
Spithal zu Scheßlitz ob Bam-
berg.

Adeliche

Adeliche Vaſallen.

Hr. von Adolkheim.
  zu Adolkheim
  zu Senufeld.
Bar. von Auſſeß.
  von Baſtheim.
  von Mauchenheim, ge-
    nannt Bechtelsheim.
  von Berlichingen.
  zu Eichelsheim.
    Jagſthauſen.
    Jllesheim.
    Mergingen.
    Roſſach.
  von Bibra.
  zu Bibra.
Bar. von Bibra zu
  Schwebheim.
Bar. von Bibra zu Adels-
  dorff.
  zu Gleichen an der
    Wieſen.
  von Bibra zu
    Irmelshauſen.
    Brennhauſen.
  von Borie zu Saltzburg
    und Mühlbach.
  von Cappler, genannt
    Bautz von Oeden.
Bar. von Crailsheim.
Bar. von Dalberg.
  von Dienar zu Wall-
    dorff.
  Ebersberg, genannt
    von Weyhers.
  von Egloffſtein.
  von Eſtrichshauſen.

  von Erthal.
  zu Leutzendorff.
    Elffershauſen.
  von Eyb.
  zu Dörtzbach.
    Veſtenberg.
Bar. von Franckenſtein
  zu Ullſtatt.
    Ochſtatt.
  von Forſtern zu Herbs-
    leben.
Bar. von Fuchs zu Bim-
  bach und Dornheim:
  von Gebſattel.
  von Gemmingen.
Bar. von Greiffenclau.
  Groß von und zu Tro-
    ckau.
Bar. von Guttenberg.
  zu Kirchlauter.
    Sternberg.
    Steinhauſen.
  von Heßberg zu Böd-
    heim.
  von Hettersdorff.
    Heuß von Eyſen-
      heim.
  von Hundbiß zu Wald-
    ramß.
  von Hutten.
    zu Stoltzenberg.
      Franckenberg.
  von Jarheim.
  von Knöringen.
Bar. von und zu Leonrode.
  von Lichtenſtein zu Lahm
Mar-

Herrn

Marschalck von Oſt-
heim.
zu Waltershauſen.
Trabelsdorff.
Walldorff.
Bar. von Münſter.
zu Liesberg.
Euerbach.
von Oberkamp.
Bar. von Pöllniß.
von Roſenbach.
von Rotenhan.
zu Mertzbach.
Enrichsboff.
Ebelsbach.
Rüd von Collenberg.
zu Bödigheim.
Eberſtatt.
von Seckendorff.
zu Langenfeld.
Bar. von Seckendorff.
zu Ober-Zenn.
Unter-Zenn.
Sugenheim.

Herrn

Bar. Schenck von Stauf-
fenberg.
von Schrottenberg.
Bar. von Sickingen.
von Stetten zu Kocher-
ſtetten.
Bar. von Stein zum Al-
tenſtein.
von Stein zu Nord-
heim.

Herrn

von Stiebar zu But-
tenheim.
von der Tann zu Nord-
heim.
Bar. von Tann zu der
Tann.
von Thüngen.
Truckſeß von Wetz-
hauſen.
zu Bundorff.
Bar. Truckſeß von Wetz-
hauſen.
zu Ober-Lauringen.
Bar. Voit von Rjeneck.
Voit von Saltzburg.
von Wolffskeel.
zu Rottenbauer.
Reichenberg.
Lindflur.
Uettingen.
von und zu Wieſen-
thau.

Herrn

Bar. von Wildenſtein zu
Birnbaum.
von Weyler.
von Zobel zu Meſſel-
hauſen und Darſtatt.
von Zobel zu Giebelſtatt
und Friſenhauſen.
von Zſiſtenhard zu Wib-
dern.
Zollner von und zu
Brand.

Bürger-Lehenleuth und Lehenträger.

Zu Bamberg.

Lorber von Storchen. | Die Pfarrey zu Zeil.

Zu

Zu Nürnberg.

Herrn { Böheim von Schwartz-
bach.
von Gugel zu Diepolts-
dorff.
von Imhoff.
von Holtzschuer, auf Asch.

Herrn { bach, Harlach und
Dahlheim.
Kreß von Kressenstein.
von Löffelholtz.
Tucher von Simmels-
dorff.

Zu Rottenburg an der Tauber.

Burgermeister und Rath der
Kayserl. Reichs-Stadt
Rottenburg.

Nusch.
Renger.

Zu Schweinfurt.

Segnitz.
Hutz.

Engelhard.

Zu Wirtzburg.

Brock.
Erbermann von Biebelheim.
Hartmann.
Fischer-Handwerck.

Papius.
Reibelt.
Sartorius.

In Hochstifftisch-Wirtzburgischen Orten.

Burgermeister und Rath zu
Königshoffen im Grabfeld.
Burgermeister und Rath zu
Seßlach.
Die Endresische Hofs-Be-
sitzere zu Hasselbach, Amts
Bischoffsheim.
Zu Ebertshausen.
Hambach.
Mainberg.
Veitshöchheim.
Die Gemeind zu Ballings
hausen, Amts Mainberg,

item die Lehenleuth da-
selbsten.
Die Gemeind zu Hesselbach.
Die Hübnerische und Keller-
männische Erben zu Kö-
nigshoffen im Grabfeld.

Des Teutschen Hofs-Besitzere
zu Aydhausen, Amts Lau-
ringen.

Das Wüllenweber-Hand-
werck, und übrige Lehen-
Leut zu Münnerstadt,

In

In Fürstlich-Bayreuthischen Orten.

| Zu Burckbernheim. | Zu Raubenheim. |
| Freudenbach. | Langensteinach. |

Hof und Ritter-Lehen-Gerichts-Täge.

| Donnerstag den 20. Martii. | Donnerstag den 18. Septemb. |
| Donnerstag den 19 Junii. | Donnerstag den 18. Decemb. |

Hof- und Burger-Lehen-Gerichts-Täge.

| Donnerstag den 27. Martii. | Donnerstag den 25. Septemb. |
| Donnerstag den 26. Junii. | Donnerstag den 18. Decemb. |

Von Sr. Hoch-Fürstlichen Gnaden
besonders angeordnete Commissionen.

Armer Wittiben- und Waysen-Stifftungs-Commission.

Tit. Hr. Hof-Cammer- und Kriegs-Raths-Præsident von Wolffskeel, vide pag. 2.

Tit. Hr. Regierungs-Præsident von Sickingen, vid. pag. 4.

Tit. Hr. Regierungs-Præsident von Greiffenclau, vide pag. 5.

Hr. Hof-Cantzlar Reibelt, vide pag. 80.

Hr. Geheimer-Rath Ebenhöch, vide pag. 82.

Hr. Hof-Cammer-Rath Rossat, vid. pag. 50.

Hr. Hof-Cammer-Rath Hertz, vide pag. 50.

Actuarius und Verwalter, Hr. Regierungs-Registrator Schlott, vide pag. 85.

Bau-Commission.

Tit. Hr. Hof-Cantzlar Reibelt, vide pag. 80.

Hr. Geheimer-Rath Unger, vid. pag. 82.

Hr. Hof-Rath Sartorius, vid. pag. 84.

Hr. Hof-Cammer-Rath Rossat, vid. pag. 50.

Hr. Stadt-Rath Laudensack, vid. pag. 78.

Hr. Hauptmann Fischer.

Actuarius, Hr. Regierungs-Registraror Schlott, vide pag. 85.

Com-

Commercien, Commission.

Tit. Hr. Hof-Cantzlar Reibelt, vide pag. 80.
Hr. Geheimer-Rath Unger, vid. pag 82.
Hr. Geheimer-Rath Röthlein, vid. pag. 82.
Hr. Hof-Cammer-Rath Rossat, vid. pag. 50.
Hr. Hof-Cammer-Rath Hemmerlein, vid. pag. 50.
Hr. Stadt-Rath Rügemer, vid pag. 94.
Actuarius, Hr. Regierungs-Registrator Schlott, vid. pag. 85.

Jagd-Commission.

Tit. Hr. Ober-Jägermeister von Pöllnitz, vid. pag. 61.
Hr. Hof-Rath von Quad, vid pag 83.
Hr. Geheimer-Rath Unger, vid. pag. 82.
Hr. Hof Cammer-Rath Thomann, vid. pag. 50.
Hr. Land-Visitations-Forstmeister und Ober-Jäger Fügelein, vid pag. 61.
Actuarius, Hr. Ober-Jagd-Amts-Secretarius Utz, vid. pag. 61.

Sanitäts-Consilium.

Hr. Geheimer-Rath Schnl, vid. pag. 82.
Hr. Geistlicher Rath Dr. Voit, vid. pag. 13.
Hr. Geistlicher Rath Dr. Becker, vid. pag. 14.
Hr. Hof-Rath Sixtus, vid. pag. 83.
Hr. Hof-Cammer-Rath Rossat, vid. pag. 50
Hr. Stadt-Physicus Dr. Jäger, vid. pag. 78.
Hr. Land-Physicus Dr. Vogelmann.
Actuarius, Hr. Regierungs-Registrator Schlott, vid. pag. 85.

Siebner-Amt oder Feld-Gericht.

Hr. Hof-Schultheiß, Johann Wolffgang Burckard, beeder Rechten Doctor, Comes Palat. Cæsareus.
Actuarius, Hr. Regierungs-Registrator Horn, vid. pag. 85.

Assessores.
Hr. Johann Fegelein, vide pag. 79.
Hr. Andreas Rudel.
Hr. Johann Georg Behr.
Hr. Johann Georg Klein, auch Hochfürstl. Lehen-Renovator.
Hr. Ignatz Ulsamer, auch Viertelmeister.

Hoch-

Hochfürstl. Wirtzburg. Stadt-Rath.

Vice-Dom.

Tit. Herr Philipp Joseph Freyherr von Münster, Hochfürstl. Wirtzburgischer Geheimer-Rath, Vice-Dom der
Stadt Wirtzburg, und Ober-Amtmann zu Heydingsfeld, vid. pag. 81.

Ober-Burgermeister, * Hr. Johann Christoph Faulhaber,
Steuer- und Umgelds-Deputatus, vid. pag. 66.

Jüngerer Burgermeister, * Hr. Georg Anton Dietterich,
Rechnungs-Revisor, vid. pag. 52.

Hr. Johann Philipp Weingärtner, Senior, J. U. L. Rueg-
Gerichts Deputatus, und Burgermeister-Zinß-Amts-
Verwalter.

Hr. Heinrich Joseph Reichard, Umgelds-Einnehmer und
Pfleger zu St. Elisabeth, auch Ritter-Fraternitäts-
Verwalter.

Hr. Johann Joseph Michael Laudensack, Stadt-Bau-
meister, Seelhaus- und Burchard-Stipendiat-Pfle-
ger, vid. pag. 9. & 78.

Hr. Johann Christoph Anton Planer, des Ehehalten-
Hauses, und Brentanischen Stifftungs-Pfleger.

Hr. Eugenius Colonatus Henricus Geigel, Dom-Pfar-
rey, und der Fraternität Corporis Christi, dann Burger-Spithal-Pfleger, vid. pag. 71.

Hr. Joseph Nicolaus Thoman, Schatzungs-Deputatus,
Ober-Schoßmeister und Rechnungs-Revisor, vid.
pag. 9. & 50.

Hr. Johann Adam Rügemer, vid. pag. 93.

Hr. Georg Hermann Joseph Ebenhöch, J. U. L. Stadt-
Syndicus, Steuer-Deputatus und Stubenmeister,
vide pag. 15. & 24

Hr. Georg Heinrich Seldner, Viertel-Almosen-Pfle-
ger, und Quartier-Meister, vide pag. 50.

Hr.

Hr. Georg Casimir Kurtz, Steuer-Ober-Einnehmer, vide pag. 78.

Hr. Johann Caspar Menson.

Hr. Johann Adam Schirmer, Not. Apost. & Cæs. Burger-Spithal-Pfleger, vid. pag. 9.

Hr. Johann Philipp Papius, St. Gabriel, und Getrayd-Stifftungs-Pfleger, vide pag. 16.

Hr. Nicolaus Jacob Liebler, des Reichen, dann Rock-und Schuhe-Allmosen-Pfleger, vid. pag. 85.

Hr. Adam Joseph Hueber, Ober-Wasser-Zöllner, Kastenmeister, auch Vorgesetzter deren Becken und Müllern.

Hr. Johann Georg Laudensack, Com. Palat. Cæsar. vid. pag. 85.

Hr. Johann Erhard Joseph Franckeuberger, Armen-Siechenhaus-Pfleger, und Rechnungs-Revisor, vid. pag. 51.

Hr. Johann Georg Andreas Ultz, der lieben Frauen-Capellen auf dem Marck Pfleger, vid. pag. 61.

Hr. Frantz Levin Vogel, Rueggerichts-Beysitzer, vid. pag. 50.

Hr. Johann Philipp Xaverius Krieg, Rueggerichts-Beysitzer, vide pag. 9.

Hr. Georg Christoph Peter, Rueggerichts-Beysitzer, vid. pag. 14.

Hr. Heinrich Joseph Englert, Rueggerichts-Beysitzer, des Hochfürstl. Stadt-Saal- und Brucken-Gerichts-Assessor und Registrator, auch des Gotteshaus ad St. Petrum Pfleger.

Hr. Christian Frantz Bür, Unter-Wasser-Zöllner, vid. pag. 87.

Hr. Johann Blumm, Brucken-Zöllner.

Hr. Johann Heinrich Oehrlein, Bierschenck.

Friderich Lenck, Burgermeister- und Stuben-Diener.

Johann Schaub, Kasten-Diener.

Joseph Voith, Stadt-Bau-Diener.

Von

Von Burgermeister und Rath abhangende Aemter und Bedienungen.

Pfand-Haus-Commission.

Aelterer Hr. Burgermeister Faulhaber, vid. pag. 94.
Jüngerer Hr. Burgermeister Dietterich, vid. pag 94.
Hr. Stadt-Rath und Syndicus Ebenhöch, vid. pag. 94.
Hr. Stadt-Rath Englert, vid. pag. 95.

Schatzungs-Stuben.

Hr. Johann Anton Hartsuß, Ober-Einnehmer.
Hr. Johann Georg Spiegel, Unter-Einnehmer.
Hr. Johann Adam Samhaber, Scribent.
Christoph Hartsuß, Schatzungs-Diener.
Zacharias Albert, Schatzungs-Knecht.

Steuer-Stuben.

Hr. Ober-Einnehmer Lurtz, vide pag. 95.
Hr. Elias Bimmel, Unter-Einnehmer und Scribent.
Hr. Carl Weingart, Steuerschreiber.
Zacharias Albert, Steuer-Knecht.

Umgelds-Stuben.

Hr. Ober-Einnehmer Reichard, vide pag. 94.
Hr. Nicolaus Göpffert, Barbierer.
Hr. Johann Pörtlein, Büttnermeister. }
Hr. Frantz Carl Müller, Büttnermeister. } Visirer.
Hr. Anton Kayser.
Georg Adam Heinrich, Umgelds-Diener.
Frantz Schäffer, adjungirter Umgelds-Diener.
Peter Horschell, Wein-Ausruffer.

Burger-Spithal-Pfleg.

Medicus, Hr. Joh. Christoph Jäger, Med. Doct. vid. pag. 78.
Spithal-Oeconomus, Hr. Johann Anton Mahlmeister.
Speiser, * Hr. Johann Loth.
Chirurgus, Hr. Heinrich Hiltermann.

Der

Der Hochfürstlichen Residentz-Stadt
Wirtzburg Viertelmeister, Schreiber und Dienere.

Dietericher-Viertel.

Viertelmeister, { Hr. Ignatz Göllner.
{ Hr. Jacob Godfrid Huber.
Viertel-Schreiber, Hr Andreas Brand.
Viertel-Diener, Peter Schelff.

Genheimer-Viertel.

Viertelmeister, { Hr. Ernst Anton Kuhn.
{ Hr. Johann Peter Ebenhöch:
Viertel-Schreiber, * Hr. Joseph Holtzmann.
Viertel-Diener, Zacharias Albert.

Cresser-Viertel.

Viertelmeister, { Hr. Sebastian Rödel.
{ Hr. Nicolaus Brand.
Viertel-Schreiber, Hr. Johann Sebastian Bauer.
Viertel-Diener, Peter Koch.

Bastheimer-Viertel.

Viertelmeister, { Hr. Frantz Godefried Roth:
{ Hr. Joseph Wunderack.
Viertel-Schreiber, Hr. Joh. Stephan Reuther, Not. Cæl.
Viertel-Diener, Johann Philipp Mayer.

Sander-Viertel.

Viertelmeister, { Hr. Christian Hurm.
{ Hr. Burckard Volck.
Viertel-Schreiber,* Hr. Johann Adam Scherer.
Viertel-Diener, Bernard Schaller.

Hauger-Viertel.

Viertelmeister, { Hr. Philipp Starck.
{ Hr. Johann Caspar Geßner.
Viertel-Schreiber, Hr. Christoph Reidmayer.
Viertel-Diener, Andreas Dockerbin.

Pleichacher-Viertel.

Viertelmeister, { Hr. Ignatz Ulsamer.
{ * Hr. Joseph Metzler.

Viertel

Viertel-Schreiber, Hr. Johann Streit.
Viertel-Diener, Jacob Weber.

Mayn-Viertel.

Viertelmeister, | Hr. Johann Peter Deichelmann.
             | Hr. Johann Michael Seyfrid.
Viertel-Schreiber, Hr. Carl Weingart.
Viertel-Diener, Claudius Dupra.

Hochfürstl. Stadt- Saal- und Bru-
cken- auch Ober-Centh-Gericht.

Tit. Hr. Philipp Joseph Freyherr von Münster, vid. pag. 73.
Hr. Johann Wolffgang Burckard, J. U. D. Com. Pal. Cæf.
Hof-Schultheiß, vid. pag. 93.

Assessores.

{ Hr. Frantz Anton Brand, vide pag. 15.
Hr. Georg Wilhelm Casimir Lurtz, vid. pag. 95.
Hr. Georg Anton Dieterich, vide pag. 52.
Hr. Heinrich Joseph Englert, auch Registrator, und des
Gotteshaus ad S. Petrum Pfleger, vid. pag. 95.
Hr. Johann Georg Stumpff, auch Actuarius, Not.
Cæf. publ. vide pag. 71.
Hr. Georg Philipp Jenum, vide pag. 22.
Hr. Caspar Theodor Alffs, vide pag. 22.
Hr. Johann Nicolaus Leypold.
Hr. Conrad Ignatz Schlott, vid. pag. 85.

Gerichts-Diener, Ferdinaud Needer.

Die ordentliche Gerichts-Täge seynd wöchentlich Mittwochen und Freytag von Morgens 9. bis um 12. Uhr, solte
aber auf obige Täg ein Feyertag einfallet, so wird dafür die
Session an Dienstag zuvor gehalten. Die Ferien hingegen
seynd von Kiliani bis Stephani Erfindung, dann von Burchardi bis Martini.

Vice-Dom- und Hof-Schultheisen-Amt.

Tit. Hr. Philipp Joseph Freyherr von Münster, Vice-Dom, vid. pag. 78.
Actuarius, Hr. Philipp Valentin Knecht, Not. Cæfar. publ. vid. pag. 52.

Hr. Johann Wolffgang Burckard, J. U. D. Com. Pal.
Cæfar. Hof-Schultheiß, vide supra.
Actuarius, * Hr. Sebastian Götz.

Vor-

Vorgehende Stellen haben concurrentem Jurisdictionem, und seynd täglich Vor- und Nachmittags, wann keine Hindernussen sonsten bevorstehen, die Klagen zu behörigen Stunden anzubringen, worbey Anwaldschafft leisten folgende

Procuratores.

Hr. Frantz Hartmann Gräffner, Not. Cæf. publ. vid. pag. 87.
Hr. Christian Frantz Bür, Not. Cæf. publ. vid. pag. 87.
Hr. Mattias Christian Mathalm, Not. Cæf. publ.
Hr. Georg Michael Krug, Not. Cæsar. publ.
Hr. Johann Nepomucen Stadtler, Not. Cæsar. publ.
Hr. Johann Sebastian Bauer, Not. Cæf. publ.
Hr. Frantz Merck, Procurator.

Zöllnere und Examinatores an denen Stadt-Thoren.

Gulden-Zöllner, Hr. Joseph Clemens Leinenschloß, vid. pag. 56.
Zoll-Bereither, Hr. Johann Hoffmann.
Zoll-Auffeher, Hr. Johann Woffgang Eiffel.

Examinatores: {
Hr. Johann Michael Vierheilig, am Zeller-Thor.
Hr. Stephan Gerschütz, am Burcharder-Thor.
Hr. Joseph Anton Schaub, am Pleichacher-Thor.
Hr. Dieterich Weck, am Neuen-Thor.
Hr. Frantz Carl Brachvogel, aim Rennweger-Thor.
Hr. Johann Michael Weigand, am Sandter-Thor.
Hr. Paul Anding, am mittlern Mayn-Thor.
}

Hochfürstl. Wirtzburg. Zöllnere, welche in Gahn-Herrschafftl. und angränzenden Frembdherrischen, wie auch Stiffts- und Closter-Orten aufgestellet sind.

Bräidbach, Closter Ebrach, Martin Staus, Guldens-Weeg- und Land-Zöllner.
Burckhaßlach, Ritterschafftl. Augustin Schlick, Guldens- und Weeg-Zöllner.
Burckwinnheim, Ebrach, Erhard May, Weeg-u. Land-Zöllner.
Büttard, Andreas Hoffmann, Guldens-Zöllner.

Düftel-

Düftelhaufen, Frantz Chriftoph Leo, Guldens-Zöllner.

Eivelftatt, Dom-Capitul, Johann Philipp Vornberger, Guldens-Zöllner.

Eftenfeld, der Carthaus Engelgarten, Johann Baumeifter, Guldens-Zöllner.

Ettleben, Johann Adam Klenckert, Weeg-Zöllner.

Fahr, Stifft Haug, Johann Georg Wagner, Waffer-Boden-Zöllner, dann Gulden-Weeg- und Land-Zöllner.

Gabrftatt, Gahn-Herrfchafftl. Johann Michael Neubauer, Guldens-Zöllner.

Gaubüttelbron, Jacob Sauer, Guldens und Weeg-Zöllner.

Geißlingen, Anfpach, Georg Maylein, Guldens-Zöllner.

Gelchsheim, Teutfch-Ordens-Herrifch, Georg Carl Harb, Land- und Weeg-Zöllner, und des Hoheu Teutfchen Orden Gerichts-Schreiber dafelbft.

Gerbron, Valentin Gropp, Guldens-Zöllner.

Gerlachsheim, Clöfterl. Hr. Johann Michael Volck, Ober-Schultheiß, Guldens-Zöllner und Centfchöpff.

Giebelftatt, Ritterfchafftl. Joh. Georg Nöth, Gulden-Zöllner

Gollachoftheim, Anfpach, Adam Pfeüffer, Guldens-Zöller.

Goßmannsdorff, Joh. Simon Scheckenbach, Guldens-Zöllner.

Groffenlangheim, Stephan Traub, Guldens-Zöllner.

Heinert, Univerfitäts-Receptorat, Bernard Stöffel, Gulden-Weeg- und Land-Zöllner.

Herboltzheim, Johann Carl Norder, Gulden- und Weeg-Zöllner.

Kißingen, Hr. Hieronymus Schauer, Zoll-Bereither.

Peter Keyl, Guldens- und Weeg-Zöllner allda.

Kitzbrunn, Clofter Gerlachsheim, Guldens-Zöllner vacat.

Kürnach, Leonard Sauer, Guldens-Zöllner.

Lindelbach, Limburg, Martin Mayer, Guldens-Zöllner.

Maynftockheim, Ebrach, Johann Leonard Stertzenbach, Guldens-Zöllner.

Marckftheim, Carthauß, Stadt-Schreiber zu Volckach, Hr. Joh. Chriftoph Mahlmeifter, auch Guldens-Zöllner allda.

Nieder-Rimbach, Anfpach, Heinrich Kehrer, Guldens-Land- und Weeg-Zöllner.

Niedlingen, Barthel Schäffner, Guldens-Zöllner.

Nordheim, Clofter Schwartzach, Georg Adam Plettner, Guldens-Zöllner.
Ober-

Ober-Schwappach, Johann Müller, Guldens-Zöllner.

Ochsenfurt, Dom-Capitul, Hr. Georg Sigismund Höhn, Stadt-Schreiber und Guldens-Zöllner.

Randersacker, Dom-Capitulisch, Lorentz Kuhn, Guldens-Zöllner.

Rettersheim, Closter Triffenstein, Johann Georg Mohr, Gulden-Land-und Weeg-Zöllner.

Schwartzach, Johann Georg Pfannes, Guldens-und Weeg-Zöllner.

Sommerhausen, Limburgisch, Hr. Johann Martin Abelmann, Guldens-Zöllner.

Sonderhoffen, Adam Pfeuffer, Zöllner.

Standorff, Anspachisch, Johann Melchior Gehringer, Guldens-Land-und Weeg-Zöllner.

Sultzthal, Lorentz Clemen, Guldens-Zöllner.

Sümmeringen, Closter Schönthal, Melchior Endres, Guldens-Zöllner.

Theilheim, Dom-Capitulisch, Lorentz Ulsamer, Guldens-Zöllner.

Steffenstockheim, Dom-Capitulisch, Wolffgang Guckenberger, Guldens-Zöllner.

Ulsenheim, Orts-Zoll, mit Anspach halbiert, Hr. Caspar Endres, Guldens- und Weeg-Zöllner, auch Schultheiß allda.

Unter-Eissenheim, Martin Oefftering, Guldens-Zöllner.

Unter-Rambach, Johann Wolffgang Kreppert, Guldens-Land-und Weeg-Zöllner.

Unter-Wittbach, Closter Triffensteinisch, Valentin Rudolph, Guldens-Land-und Weeg-Zöllner.

Wiebelsbach, Closter Triffenstein, Johann Valentin Jagstberger, Guldens-Land-und Weeg-Zöllner.

Wiesenbach, Anspachisch, Johann Christoph Luhrer, Guldens-Zöllner.

Willantzheim, Dom-Capitulisch, Johann Adam Endres, Guldens-Zöllner.

Wiltenthierbach, Rottenburgisch, Johann Dürr, Guldens-und Weeg-Zöllner.

Winterhausen, Limburgisch, Johann Nicolaus Michels, Guldens-Zöllner.

Hoch-

Hochfürstl. Wirtzburgische Aemter,

Amts-Verweſereyen, Stadt-Vogteyen und Kellereyen, nebſt anderen ſubalternen Bedienungen auf dem Land, nach Alphabetiſcher Ordnung.

Amt Arnſtein.

Ober-Amtmann, Tit. Hr. Adalbert Friderich von Roſenbach, Herr zu Dunboff, Maſpach, Schackau und Eckweisbach, beyder Sr. Hochfürſtl. Gnaden zu Wirtzburg und Fulda Geheimer-Rath, auch Ober-Amtmann zu Arnſtein und Büchold.

Amts-Keller, Stadt-Schultheiß, Centh-Graf und Zunfft-Richter, Hr Johann Ignatz Papius, vid. pag. 15.

Spithal-Verwalter, Hr. Johann Georg Adalbert Kuhn, auch Julier-Univerſität-Receptorats-Adminiſtrator zu Oberſfeld, Schwemmelsbach, Keiſten und Prebersdorff.

Amts- und Gegenſchreiber, auch Stadt- Centh- und Zunfft-Schreiber, Hr. Frantz Sigismund Beck.

Spithal- und Wald-Gegenſchreiber, Rechnungs-Führer, Ober-Acciſer und Ober-Zöllner, Hr. Johann Bernard Rebin.

Lehenſchreiber, Hr. Johann Georg Kiſtner.

Arnſtein, oder deſſen Vorſtädtlein Bettendorff, Hanns Jörg Iff.

Binnßbach, Nicolaus Bauſenwein.

Binnßfeld, Johann Pfeiffer.

Eßleben, Georg Adam Starck.

Erbshauſen mit Sultzwieſen, Georg Göpfert.

Gänheim, Johann Bauer.

Greßthal, Hanns Michel Göbel.

Halßheim, Johann Reich.

Hauſſen, Johann Georg Weiſſenberger.

Heilgrumbach, Johann Georg Dickert.

Hundsbach, Jacob Weiſſenberger.

Kaiſten, Johann Adam Betz.

Mübesheim, Hanns Schneider.

Mühl-

Amts⸗ und Orrschafften, auch Schultheissen.

{
Mühlhausen, Johann Seiffert.
Ober⸗feld, Conrad Weissenberger.
Opfferbaum, Bernard Friderich.
Prebersdorff, Frantz Adam Seuffert.
Reichelheim mit Marrbach, Hanns Kirchner.
Rieden, Andreas Sauer.
Rutschenhaussen, Johann Schneider.
Schwemmelsbach, Nicolaus Bartz.
}

Amt Aschach.

Ober⸗Amtmann, Tit. Hr. Heinrich Voit von Saltzburg, vid. pag. 73.

Amts⸗Keller und Centhgraff, Hr. Philipp Ignatz Rudolph, J. U L.

Zoll⸗Bereither und Forstmeister, Hr. Hieronymus Schauer, vid. pag 61.

Amts⸗Centh⸗ und Gegenschreiber, Herr Johann Philipp Adam Hermann.

Amts⸗Ortschafften, und Schultheissen.

{
Albertshausen, Johann Schneider.
Aschach, Jörg Paul Mahlmeister.
Bocklet, Johann Bocklet.
Burckardroth, Johann Hanfft.
Frauroth, Valentin Albert.
Gefäll, Caspar Böhnlein.
Grossenbrach, Hanns Mahlmeister.
Haart, Johann Michel Beck, auch Gulden⸗und Weeg⸗
Hassenbach, Hanns Metz.   (Zöllner allda.
Hohn, Hanns Sterkinger.
Katzenbach, Johann Caspar Faulstich.
Kleinbrach, Hanns Valentin Meder.
Langenleithen, Andreas Langendörffer.
Lautter, Johann Hartmann.
Poppenroth, Johann Kröckel.
Premich, Andreas Voll.
Riedenberg, Conrad Heintz.
Roth, Valentin Pfaff.
Sandberg, Hanns Roth.
Schmahlwasser, Michael Zehe.
Stangenroth, Caspar Schultheiß.
}

J 3

Steinach,

Steinach, Johann Michael Neugebauer.
Schlimphoff, Johann Jörg Schlereth.
Stralßbach, Johann Adam Voll.
Waldburg, Jörg Bühner.
Waldfenster, Hanns Fell der alte.
Wolbach, Jörg Kleinheitz.
Zahlbach, Johann Marckart.

Amt Aub mit Walckershoffen.

Amts-Verweser, Stadt-Schultheiß, Ceuth- und Zunfft-Richter, auch Amts-Vogt zu Walckershoffen, dann Guldens-Zöllner zu Aub mit Gelchsheim, Hr. Alexander Nicolaus Hammer.

Gan-Erbschafftlicher Spithal-Verwalter, Hr. Johann Adam Walter.

Gan-Erbschafftlicher Stadt-Ceuth-Zunfft- und Spithal-Gegenschreiber, auch Hochfürstlich-Wirtzburgischer Ober-Acciser Auber Amts- und Walckershöffer Gegenschreiber, Hr. Johann Philipp Pfister.

Gan-Erbschafftl. Ceuthgraff, Hr. Michael Lenckner.

Zoll-Gegenschreiber, Hr. Johann Anton Meintzinger.

Gan-Erbschafftl. Burgermeister, Hr. Georg Nicolaus Lochner.

Stadt-Hauptmann, Hr. Johann Georg Krauß.

Schultheiß und Boden-Inspector zu Walckershoffen, Hr. Johann Georg Finckenberger.

Gülchsheim, Valentin Härtlein.
Hemmersheim, Hanns Bartholome.
Guldens-Zöllner daselbst, Jacob Eberth.
Lipperichshausen, Hanns Georg Rüttinger.
Guldens-Zöllner allda, Paulus Albrecht.
Oellingen, Daniel Schimmer.
Pfahlenheim, Hanns Hirth.
Rotheim, Jörg Ebert.
Sächselbach, Hanns Georg Jacob.

Amt Aura im Sinngrund.

Ober-Amtmann, vide Amt Gemünden.
Amts-Keller, Hr. Adam Wentzel Clarenß.

Gan-

Gan-Herrschafftl. Centhgraff, auch Forstmeister, Hr. Johann Peter Anton Benz.

Amts- und Gegenschreiber, Hr. Johann Antou Hahn.

Amts-Orthschafften
und Schultheissen.
{
Anra, Johann Appel.
Mittelsinn, Johann Klein.
Obersinn, Johann Schneider.
}

Amt Bischoffsheim.

Ober-Amtmann, Tit. Hr. Johann Wentzel Otikoleck, Freyherr von Augest, vide pag. 53.

Amts-Keller, Centhgraff und Forstmeister, Hr. Philipp Joseph Wallau.

Amts-Stadt-Gegen-Centh-und Zunfft-Schreiber; Hr. Johann Melchior Zorn. |

Ober-Acciser, auch Gulden-Weeg-und Land-Zöllner, Hr. Johann Kilian Ebert.

Lehen-Renovator, Hr. Johann Michael Schmuck, Not. Cæsar. publ. Jurat. auch Raths-Verwander daselbst.

Amts-Orthschafften u. Schultheissen.
{
Burgwalbach, Johann Martin Kirchner.
Franckenheim, Michael Endres.
Hasselbach, Adam Wolff.
Kilianshoff, Jacob Trost.
Oberbach, Johann Caspar Martin.
Oberweissenbronn, Johann Caspar Forsde u.
Reussendorff, Johann Dorn.
Rothenrhein, Caspar Schum.
Schönau, Michael Mölter.
Sondernau, Lorentz Krentzer.
Unterweissenbronn, Jörg Walter.
Weegfurth, Jacob Mölter.
Weitzbach, Johann Sitzmann.
Wildflecken, Johann Kleinheintz.
}

Amt Büchold.

Ober-Amtmann, vide Arnstein.
Amts-Keller, Hr. Johann Peter Sager.
Gegenschreiber und Resier-Jäger, Hr. Johann Georg Rapp.
Schultheiß, Caspar Weitner.

J 4

Amt

Amt Burleswaag.

Verwalter, Hr. Augustin Oßwald Kleiner, vid. pag. 20.

Amt Bütthard.

Amts-Verweser und Centhgraff, Hr. Georg Wilhelm Schul, J U.L. auch Hochfürstl. Wirtzburg. Hof-Cammer-Rath.

Amts-Centh-Gegen- und Zunfftschreiber, Hr. Johann Andreas Vollrath.

Amts-Dreißhafften und Schultheißen
- Bütthard, * Andreas Hofmann.
- Euerhausen, Hanns Michel Krauß.
- Gaubüttelbrunn, * Jacob Sauer.
- Gützingen, Hanns Jörg Lösch.
- Höttingen, Veit Kämmer.
- Oeßfeld, Peter Schmidt.
- Tieffenthal, Melchior Fuchs.

Amt Carlstadt.

Ober-Amtmann, Tit. Hr. Johann Christoph Freyherr von Wolffskeel zu Reichenberg, vid. pag. 81.

Amts-Verweser, Hr. Johann Christoph Dößler.

Stadt-Physicus und Licent. Ord. Hr. Johann Valentin Lurtz.

Centhgraff, Amts- und Stadtschreiber, Hr. Johann Valentin Breunig.

Wasser- und Weeg-Zoll-Verwalter, Hr. Joseph Schmitt.

Amts-Gegenschreiber, Ober-Acciser und Julier-Spithäl. Vogt zu Carlburg, Hr. Johann Michael Braun.

Zöllner zu Carlburg, Hr. Georg Valentin Crafft.

Spithal-Verwalter, Hr. Wilhelm Crafft.

Centh- und Zunfftschreiber, Hr. Johann Kilian Nickel.

Zoll-Gegenschreiber, Hr. Joseph Bauerlein.

Spithal-Gegenschreiber, Hr. Nicolaus Frantz.

Amts-Dreißhafften Schultheißen
- Carlburg, Caspar Gerhard.
- Düttenbronn, Philipp Siegler.
- Erlenbach, * Nicolaus Bald.
- Gambach, * Sebastian Ruß.
- Hausen, Jörg Hermann.
- Himmelstatt, Georgius Dernbach.

Laudenbach, * Philipp Wiesner.

Mühlbach, Johann Caspar Bergmüller.

Nettersbach, Valentin Bald.

Retzbach, * Caspar Weiß. Sen.

Rohrbach, * Georg Rauch.

Wieseufeld, Georg Rueb.

Amt Clingenberg oder Schwanfeld.

Ober-Amtmann, * Tit. Hr. Frantz Carl von und zu Murach, vid. pag. 73.

Amts-Keller, Centhgraff und Guldens-Zöllner, Hr. Philipp Valentin Sauer.

Amts-Centh- und Gegenschreiber, auch Ober-Acciser, Hr. Frantz Joseph Cämmerer, Not. Cæsar. publ.

Colitzheim, Nicolaus Göb, auch Guldens-Zöllner daselbst.

Gernach, Johann Georg Lindwurm, auch Guldens-Zöllner daselbst.

Hirschfeld, Johann Michael Bannigott, auch Guldens-Zöllner daselbst.

Lindach, Nicolaus Dusel, auch Guldens-Zöllner daselbst.

Schwanfeld, Michael Dietmann.

Stammheim, Peter Götz, auch Guldens-Zöllner daselbst.

Unterspießheim, Hanns Wehner, auch Guldens-Zöllner daselbst.

Wipfeld, Johann Georg Hubert, auch Guldens-Zöllner daselbst.

Wadenbrunn, * Hanns Mauther.

Weeg-Zöllner zu Schwanfeld, Alexander Näther.

Guldens-Zöllner zu Heydenfeld, Valentin Endres.

Amt Dettelbach.

Ober-Amtmann, Tit. Hr. Lotharius Godefrid Heinrich Freyherr von Greiffenclau, vide pag. 52.

Amts-Keller und Spithal-Amts-Verwalter, Hr. Michael Anton Haas.

Amts- und Stadtschreiber, Hr. Nicolaus Peter Wentzel.

Amts-Gegenschreiber und Gotteshaus-Pfleger, Hr. Georg Joseph Gigant.

J 5

Centh-

Centhgraf zu Stadt-Schwartzach, Hr. Michael Dominicus Gerling.

Centhschreiber daselbsten, Hr. Johann Hell.

Ober-Acciser und Zöllner, Hr. Johann Frantz Pfaff.

Wallfahrts- und Catharinæ-Pfleger, Hr. Heinrich Zehr.

Ober-Burgermeister, Hr. Frantz Höfelein.

Spithal-Gegenschreiber, Hr. Johann Caspar Stumpff.

Wein- { Hr. Joseph Giganth.
Unterkauffere. { Hr. Sebastian König.

Amts-Dorffmeister, Bürger und Schultheissen.

Brück, Johann Nickel.
Zöllner daselbst, Caspar Dorsch.
Hürblach, Johann Waguer.
Neusses am Berg, Stephan Behem, auch Zöllner
Schnepffenbach, vacat.   (daselbsten.
Stadt-Schwartzach, Hanns Jörg Mögler.
Zöllner zu Stadt-Schwartzach, Johann Georg
    Pfannes.

Amt Ebenhausen.

Amtmann, Hr. Philipp Ernst von Halbritter.

Centhgraff, Amts- u. Gegenschreiber, Hr. Hermann Wittman.

Centhschreiber, Hr. Johann Manger.

Zöllner zu Eltingshausen, Hr. Johann Georg Karch.

Zönner zu Rannungen, Hr. Andreas Schleippmann.

Lehenschreiber und Feldmesser, Johann Lippert.

Amts-Dorffschaffen u. Schultheissen.

Arnshausen, Michael Ziegler.
Ebenhausen, Johann Michael Wahler.
Eltingshausen, Hanns Jörg Karch.
Cronungen, Johann Jacob Mergenthal.
Hayn, Conrad Vierheylig.
Holtzhausen, Johann Georg Bauer.
Maybach, Hanns Füll.
Oerlenbach, Johann Georg Ziegler.
Oberwerren, Johann Georg Reuß.
Pfersdorff, Johann Georg Reuß.
Poppenhausen, Johann Warmuth.
Rannungen, Peter Stirmer.
Reiterswiesen, Johann Kießling.
Rottershausen, Bernard Seiffert.

Amt

Amt Ebern.

Ober-Amtmann, Tit. Hr. Ludwig Emmanuel Hugo, Freyherr von Guttenberg zu Sternberg, Zimmerau und Sultzdorff rc. Hochfürstl. Wirtzburgischer Geheimer-Rath und Ober-Amtmann zu Ebern und Seßlach.

Amts-Keller, Centhgraff und Zöllner, Hr. Georg Adam Ernst Rießner, vid. pag. 74.

Centhgraff zu Medlitz und Zöllner zu Hilckersdorff, Hr. Joseph Anton Metz.

Spithal-Verwalter, Amts-Stadt-Centh-Gegen- und Zunfftschreiber, auch Ober-Acciser, Hr. Jacob Heinrich Faulhaber, vid. pag. 11.

Amts-Ortschaften und Schultheißen.
- Bischwind, Hanns Michel Fuchs.
- Brunn, Georg Pretz.
- Buch, Hanns Bornkessel.
- Craisdorff, Hanns Georg Schneidwind.
- Fierst, Sigismund Strömel.
- Frickendorff, Georg Reuther.
- Gemünd, Hanns Müller.
- Geroltzwind, dann
- Gückelhirn mit Todtenweisach, Johann Wolffarth.
- Hilckersdorff, Johann Jacob Ohaut.
- Jesserndorff, Hanns Jörg Rambach.
- Lohr, Hanns Rauch.
- Mörtzbach, Johann Jacob Ohaut.
- Neusses, Hanns Bierneusel.
- Pfarrweißach, Andreas Lang.
- Preppach, Hanns Deublein.
- Poppendorff, Johann Georg Ernst.
- Reuthersbrunn, Peter Waltz.
- Rechelddorff, Hanns Martin Dietzel.
- Ruppach, Niclaus Röder.
- Unter-Mertzbach, Georg Eller.
- Vorbach, Hanns Adam Klemm.

Amt

Amt Eltmann.

Ober-Amtmann, vide Amt Haßfurt.

Amts-Keller, Hr. Johann Balthasar Buchler, auch Centh-graf und Forstmeister daselbsten.

Centhgraf zu Hopenaich, auch Zoll Verwalter, Amts- und Ge-genschreiber zu Eltmann, Hr. Carl Friderich Wilhelm Weisse.

Ober-Acciser, Stadt- Centh- und Zoll-Gegenschreiber, Hr. Johann Jacob Friderich.

Land-Weeg- und Guldens-Zöllner, Barthel Zehendner.

Amts-Ortschafften und Schultheissen u.

Bischberg, Johann Michael Eydenbacher.
Diepach, Michael Clarmann.
Eschenbach, Caspar Baum.
Ebelspach, Leonard Fischer.
Limpach, * Caspar Vaith.
Neuschleichach, * Joseph Heunisch.
Oberschleichach, Michael Rottmann.
Roßstatt, Jörg Schmitt.
Schönbach, Balthasar Zehendner.
Schönbrunn, Johann Weiß.
Stettfeld, * Johann Adam Marold.
Trossenfurt, Andres Wirth.
Tütschengereuth, Valentin Bruß.
Unterschleichach, Haans Höffner.
Weissenbrunn, Nicolaus Röder.

Amts-Bott, Michael Bachmeyer.

Amt Fladungen.

Ober-Amtmann, vide Bischoffsheim.

Amts-Keller und Centhgraf, Hr. Johann Adam Ignatz Sündermahler.

Amts-Stadt-Centh Gegen- und Zunfftschreiber, Ober-Ac-ciser, auch Weeg-Zöllner, Hr. Stephan Adam Reeß.

Ober-Burgermeister, Hr. Johann Balthasar Eberhorn.

Brüch,

Bruchs, Matthes Heyd.
Ginolffs, Andres Schöpner.
Hauſſen, Cleophas Stumpff.
Heufurth, Johann Ortloff.
Leuppach, Johann Fiſcher.
Nordheim, Andreas Hippelt.
Ober-Elsbach, Johann Adam Herbert.
Ober-Fladungen, Johann Höffauch.
Roth, Caſpar Henckel.
Rudenſchwinden. Chriſtoph Kümmoth.
Unter-Elsbach, Johann Adam Horn.
Amts-Bott, vide Neuſtatt an der Saal.

Amt Freudenberg.

Amts-Verweſer, Centhgraf, auch Waſſer-Weeg- und Güldens-Zöllner, Hr. Juſtus Philipp Heyd.
Amts-Stadt-Centh- und Zoll-Gegenſchreiber, Hr. Andres Frantz Braun.
Schultheiß zu Vorthal, auch Weeg- und Guldens-Zöllner daſelbſt, Peter Braunwarth.
Schultheiß zu Ebenheit, Johann Michel Bechtold.
Amts-Bott, Barthel Keller.

Amt Gemünden.

Ober-Amtmann, Tit. Hr. Joſeph Frantz, Graf von Schönborn, Buchheim und Wolffsthal, Herr zu Reichelsberg und Wieſendheid, Sr. Kayſerl. Majeſtät würcklicher Cammer-Herr, Churfürſtl. Maynziſcher Geheimer-Rath, und Vice-Dom zu Aſchaffenburg, auch Hochfürſtl. Wirtzburgiſcher Geheimer-Rath und Ober-Amtmann zu Gemünden, dann Aura im Sinngrunde.
Amts-Keller, Gulden-Waſſer- und Weeg-Zöllner, Hr. Johann Michael Kleinſchrodt.
Amts-Stadt- wie auch Amts- und Zoll-Gegenſchreiber, Hr. Johann Lorentz Bauer, Not. Cæſar. publ. Jur.
Amts-Ortſchafften u. Schultheiſen.
{ Halsbach, Hanns Jörg Schmitt.
Hoffſtätten, Jacob Ebert.
Maſſenbuch, Niclaus Schött.
Michelau, Thomas Centhgraf.

Amts-

Amts-Ortschafften u. Schultheißen.
{ Schunderfeld, Thomas Weigand.
{ Seyffertsburg, Lorentz Mehler.
{ Weyersfeld, Valentin Löser.

Amt Geroltzhofen mit der Vogtey Hundelshausen.

Ober-Amtmann, Tit. Hr. Ernst Frantz Anton Freyherr von Guttenberg, Herr auf Kirchschönbach, Gumbertshausen und Kleinbardorff, Hochfürstl. Wirtzburg. Geheimer-Rath und Ober-Amtmann zu Geroltzhoffen.

Stadt-Vogt und Centhgraf, auch Vogt zu Hundelshausen, Hr. Johann Caspar Derlet.

Adjungirter Stadt-Vogt und Centhgraf, auch Vogt zu Hundelshausen, Hr. Carl Heinrich Derlet.

Stadt-Amts-Centh-und Spithal-Gegenschreiber, Hr. Ernst Wilhelm Lindner.

Spithal-Verwalter, Amts-Gegenschreiber, auch Gulden-Weeg-und Land-Zöllner, Hr. Johnan Michael Breunig.

Zoll-Bereiter, Hr. Frantz Michael Held.

Gegenschreiber der Vogtey Hundelshausen, Hr. Johann Philipp Held.

Ober-Acciser, Hr. Frantz Held.

Amts-Ortschafften, Schultheißen und Bürgermeistere, auch Zöllner.
{ Altmaunsdorff, Hanns Jörg Ulrich.
{ Bischwind, Hanns Jörg Schmich.
{ Dampfach, Valentin Krapff.
{ Dingoltshausen, Hanns Jörg Zachmann.
{   Zöllner daselbst, vacat.
{ Donnersdorff, Hanns Michael Leonard.
{   Zöllner daselbst, Niclaus Nusser.
{ Dürfeld, Hanns Adam Döll.
{ Hundelshausen, Hanns Jörg Wambach.
{ Falckenstein, Peter Weber, auch Zöllner daselbst.
{ Grettstatt, Hanns Jörg Crayß, auch
{   Zöllner daselbst.
{ Klein-Rheinfeld, Peter Ziegler.
{ Michelau, Andreas Röder, auch Zöllner daselbst.
{ Neuhausen, Johann Göbel.
{ Püselzheim, Johann Barthel.

Amts-Ortsch. Schulth. Zöllner und Burger-meistere.
{ Prößberg, vaeat.
Vögniß, Johann Vambach.
Wohnau, Nicolaus Reinhard, auch Zöllner daselbst.
Neuhof, Jörg Ulrich, Bauermeister allda.

Amts-Bott, Andreas Röder.

Amt Grünsfeld.

Ober-Amtmann, Tit. Hr. Johann Friderich Zobel von Gie-belstatt, Herr zu Messelhausen und Darstatt, Hochfürstl. Wirtzburgisch. Geheimer-Rath, und Ober-Amtmann zu Grünsfeld.

Amts-Keller, * Hr. N. Thomaun.

Centhgraf, Ober-Zöllner und Gegenschreiber, Hr. Baptist Erhard Wohlfrohn.

Amts-Stadt- und Centschreiber, Hr. Joh. Adam Kauffmann.

Amts-Ortsch. Schultheiß. u. Burgermeistere.
{ Crensheim, Johann Adam Schwab.
Diettigheim, Johann Leonard Waltz.
Gerchsheim, Niclaus Moninger.
Grünsfeld, Johann Martin Götz, und Christoph Raab, Burgermeistere.
Haussen, Michael Rosenzweig.
Ilmspahn, Johann Popp.
Impfingen, Johann Valentin Kuhnmünch.
Paymar, Georg Geiger.
Vilchband, Michael Barthel.
Unterwittighausen, Jacob Conrad.
Zimmern, Valentin Ulrich.
Hof-Lielach, Jörg Fleischmann, Burgermeister allda.
Oberwittighausen, Johann Rapps, Burger-meister allda.
Hof-Jllberg, Jacob Maag, Burger-meister allda.

Amt Guntzendorff.

Amts-Verweser, Hr. Christian Friderich Engelhard.

Amt

Amt Hardheim.

Ober-Amtmann, Tit. Hr. Wilhelm Lucas von Quad,
Hochfürstl. Wirtzburg. Hof-Rath und Cammer-Herr,
auch Ober-Amtmann zu Hardheim und Ripperg, vide
pag. 83.

Amts-Verweser, Hr. Johann Frantz Werner Kauffmann.

Centhgraf zu Hardheim und Ripperg, auch Keller zu Hain-
stätt, Hr. Johann Michael Fischer.

Amts-Gegen-Cent- und Zunfftschreiber, auch Ober-Acciser,
Hr. Bernard Caspar Geißlein.

Amts-Gegenschreiber und Schultheiß zu Hainstadt, Hr.
Simon Gallus Gotha.

Gulden- und Weeg-Zöllner, Hr. Bernard Hofrichter.

Amts-Diener und Schultheißen.

- Brötzingen, Hanns Valentin Kauffmann.
- Gerichstetten, Johann Löffler.
- Hardheim, Stephan Leiblein.
- Höpfingen, Johann Sauer.
- Pülfringen, Burckard Haaß.
- Schweinberg, Valentin Baumann.
- Waldstetten, Hanns Valentin Bausbach.

Amt Haßfurt.

Ober-Amtmann, Tit. Hr. Ernst August Freyherr von Klenck,
Sr. Kayserlichen Majestät, dann Ihro Majestät des Kö-
nigs von Pohlen würcklicher Cammer-Herr, Hochfürstlich-
Wirtzburg-Geheimer-Rath und Ober-Amtmann zu Haß-
furt und Eltmann, dann des Adelichen Ritter-Ordens
St. Michaelis Commandeur, und Groß-Creutz-Herr.

Amts-Keller, Hr. Philipp Ignatz Kauffmann.

Stadt-Physicus, * Hr. Sigismund Wolffert, Med. & Chyr.
Doctor.

Centhgraf, Amts- und Gegenschreiber, Hr. Johann Heinrich Zösch.

Julier-Hospithals-Verwalter, auch Guldens-Weeg-Land-
und Wasser-Zöllner, Hr. Johann Caspar Goartz.

Centh-Stadt- und Zunfftschreiber, Hr. Johann Bartholomäus Gerich.

Zoll-Gegenschreiber, Ober-Acciser und Brau-Gelds-Inspe-
ctor, Hr. Johann Nicolaus Heeger.

Ober-

Ober-Burgermeister, Hr. Johann Sebastian Herrmann.
Unter-Burgermeister, Hr. Anton Benedict Eberth.
Burger-Spithal-Verwalter, Hr. Christoph Reinhard.

Altertshausen, Melchior Schamberger.
Augsfeld, Hanns Jörg Lang, auch Guldens-Zöllner
  allda.
Crum, Joh. Georg Mandel, auch Guldens-Zöllner allda.
Göttheim, Niclaus Eck.
    Guldens-Zöllner, Hanns Adam Hartmann.
Holtzhausen, Hieronymus Jacob.
Humbrechtshausen, Johann Hochrein.
Klein-Münster, Georg Gebeling.
Klein-Steinach, Georg Müller.
Knetzgau, Bernard Merk, auch mit Bamberg halbirter
  Guldens-Zöllner daselbst.
Mechenrieth, Valentin Kürschner, auch Guldens-Zöll-
  ner allda.
Ober-Hohenrieth, Caspar Zull.
Ottendorff, Sebastian Grünewald, auch Guldens-
  Zöllner allda.
Prappach, Andreas Barthel.
    Guldens-Zöllner daselbst, Andreas Knork.
Römershoffen, Johann Hiß.
Sylbach, Hanns Heeger.
Uchenhoffen, Caspar Schmitt.
Unter-Hohenrieth, Johann Henckel.
Wästheim, Stephan Diemb, auch mit Bamberg hal-
  birter Guldens-Zöllner daselbst.
Wöfflingen, Hanns Heinrich Caspar.
Oberschwabbach, Matthes Engert.
Hanns Müller, Guldens-Zöllner allda.
Nicolaus Hellmuth, Amts-Bott.

Amt Heydingsfeldt.

Ober-Amtmann, Tit. Hr. Philipp Joseph Freyherr von
  Münster, vide pag. 78.
Amts-Keller und Guldens-Zöllner, Hr. Johann Caspar
  Doser.
Amts-Stadt- und Gegenschreiber, Hr. Johann Georg Römer.

K   Eßfeld,

Elfeld, Peter Frieß.
Herbronn, Heinrich Krämer.
Goßmannsdorff, Johann Martin Spitznagel.
Rist, Johann Schmidt.
Klein-Rindenfeld, Johann Kölbel.
Waldbüttelbronn, Hanns Jörg Feineisen.

Amt Hilders.

Ober-Amtmann, vide Bischoffsheim.
Amts-Keller, Centgraf und Zunfft-Richter, auch Forstmeister, Hr. Joachim Frantz Deinar.
Amts-und Gegenschreiber, auch Acciser und Resier-Jäger
des Waldes Auersberg u. Röhn, Hr. Adalbert Lamprecht.

Amts-Ortschafften
u. Schultheissen.
Hilters, Joseph Michael Franck.
Lahrbach mit Frauertshof, Caspar Ditzel
Reulbach, Johannes Bey.
Simmershausen, Urbanus Drott.
Wickers, Simon Henckel.

Amts-und Cent-Diener, auch Fruchtwart, Nicolaus Drapp;
Amts-Bott, Caspar Schneider.

Amt Hofheim, oder Rottenstein.

Ober-Amtmann, Tit. Hr. Frantz Wilhelm Freyherr von
Guttenberg, Hochfürstl. Wirtzburg. Geheimer-Rath,
Ober-Amtmann zu Hofheim und Lauringen, vid. pag. 81.
Amts-Keller, Forstmeister und Centhalter der gemeinschafft-
lichen Centh-Königsberg, Hr. Frantz Joseph Fügelein.
Amts-Cent-Gegen und Zunfftschreiber, auch Ober-Acciser,
Hr Christoph Paul Gernert.
Stadt-Schultheiß und Guldens-Zöllner, Hr. Nicolaus Hoff-
mann.
Stadt-Schreiber, Hr. Valentin Steinmetz.

Amts-Ortschafft.
u. Schultheißen.
Bromberg und Bühl, Georg Unckebrand.
Bundorff, Johann Weyer.
Dieterswind und Gresselgrund, Johann Holtzheit.
Eippach, Hanns Reuschert.
Eicheldsdorff, Johann Tobias Scheller, auch Guldens-
Zöllner allda.
Fitzendorff, Christoph Kayser.

Gemein-

Amts-Orthschafften u. Schultheßen
- Gemeinfeld, Johann Reusch.
- Goßmannsdorf, Jacob Hömer, auch Guldens-Zöllner (daselbsten.
- Hellingen, Nicolaus Söllner.
- Hofstätten, Nicolaus Becht.
- Humprechshausen, Johann Georg Greuling.
- Junckersdorff, Matthes Gräff.
- Kimmelsbach, Johann Adam Schmitt.
- Lendershausen, Carl Haßfurther.
- Neusses, Johann Michael Warmuth.
- Ostheim, Martin Weidmann, auch Guldens-Zöllner allda.
- Reckershausen, Andres Heim.
- Rügheim, Lorentz Schleyer.
- Sultzbach, Uschersdorff, Veit Eisentraut.
- Unsind, Georg Nicolaus Heß.

Amt Homburg am Mayn.

Ober-Amtmann, Tit. Hr. Frantz Philipp Adolph von Gebsattel, Hochfürstl. Wirtzburg. Hof-Rath, dann des Kayserl. Landgerichts Hertzogthums zu Francken Assessor, und Ober-Amtmann zu Homburg am Mayn.

Amts-Keller, auch Gulden-Weeg-Wasser-und Land-Zöllner, Hr. Johann Heinrich Linck.

Centhgraf daselbst, und zu Remlingen, Hr. Georg Mich. Degen.

Amts- und Zoll- Gegenschreiber, auch Ober-Acciser, Hr. Johann Michael Anton Schell.

Amts-Gegen- auch Centh- und Zunfft- Schreiber, Hr. Johann Sixtus Lämlein.

Amts-Orthschafften von und Zöllner, Schultheß.
- Homburg am Mayn, Peter Gesell. (selbst.
- Böttigheim, Andreas Seidenspinner auch Zöllner da.
- Erlenbach, Caspar Schwab, auch Zöllner daselbst.
- Haussen, Hanns Adam Arnold, auch Zöllner daselbst.
- Heydenfeld, Joh. Adam Frantz, auch Zöllner daselbst.
- Holtzkirchen, Johann Müller.
- Lengfurt, Johann Ruff. Heinrich Bauer, Zöllner allda.
- Neubrunn, Georg Dürr, auch Zöllner daselbst.
- Tieffenthal, Michel Schmidt, auch Zöllner daselbst.
- Trennfeld, Caspar Bauer.
- Zell, Andres Müller, auch Zöllner daselbst.

K 2　　　　　Amt

Amt Homburg an der Werren.

Amts-Keller, * Hr. Ernst Alexander Sick.

Amts- und Gegenschreiber, Hr. Johann Paul Keller.

Zöllner zu Zwing, Hr. Johann Georg Roß.

Amts-Ortschafften und Zöller, Schult... heissen und Zöller,
- Adelsberg, Johann Metting.
- Bühler, Michael Kißling.
  - Zöllner daselbst, Georg Mayberger.
- Carspach, Michael Feeser.
  - Guldens-Zöllner daselbst, Nicolaus Renck.
- Gössenheim, Philipp Vierengel
  - Guldens-Zöllner daselbst, Jacob Platterspihl.
- Harpach, Claus Beck.
- Münster, Johann Scherpf.
  - Guldens-Zöllner daselbst-n, vacat.
- Sachsenheim, Thomas Kern.
- Wernfeld, Johann Michael Langler.
- Weeg-Zöllner daselbst, Johann Jörg Lößinger.

Amts-Bott, Johann Michael Sulm, gehet alle Monath nacher Wirtzburg.

Amt Jagstberg mit Gan-Erbschafftl. Cüntzelsau.

Ober-Amtmann, * Tit. Hr. Philipp Anton Freyherr von Greiffenclau zu Vollraths, auch Hochfürstl. Wirtzburg. Hof Rath u d Cammer-Herr, vid pag. 83.

Amts-Verweser zu Jagstberg und Cunzelsau, auch Centhgraff, und Forstbereither, Hr. Joh. Christoph Martin Sigerst.

Amts-Gegen Cent- und Zunfft-Schreiber, Hr. Johann Michael Saar.

Zoll-Bereiter und Schultheiß zu Mulfingen, Hr. Joh. Dietz.

Gan-Erbschafftl. Amts-Schultheiß zu Cüntzelsau, Hr. Johann Caspar Glock.

Gan-Erbschafftl Gerichtschreiber zu Cüntzelsau, Hr. Heinrich Carl Fischer.

Amts-Ortsch. u. Bürgerm.
- Jagstberg, * Burcardus Burckard.
- * Matthes Conrad.
- Mulfingen, * Andres Schmieg.
- * Martin Leys.

Bürgermeistere.

Amme

Schultheißen und Burgermeistere der Amts-Ortschaft:
- Ammerichshausen, *Michael Frantz Holch.
- Seidelklingen, Johann Leonard Böhm.
- Simprechtshausen, Johann Georg Hammel.
- Zapsenhausen, * Adam Schmieg.
- Hohenroth, * Michael Ehrler.
- Ochsenthal, * Michael Schmieg.

Wald-Förster zu Simprechtshausen, Michel Knörtzer.
Amts-Bott, Hanns Jörg Schmötzer.

Amt Iphoffen.

Ober-Amtmann, vide Kitzingen.
Amts-Verweser und Stadt-Schultheiß, * Hr. Johann Alonsius Joseph Schäffner.
Stadt-Physicus, Hr. Caspar Frey, Med. Doctor.
Centhgraff, Zoll-Bereiter und Ober-Acciser, Hr. Georg Anton Faulhaber, auch Julier-Spithal-Vogt.
Burger-Spithal-Verwalter und Stifft-Haugischer Probsten-Castner, Hr. Frantz Dieterich Volland.
Stadt-Cenh-und Gegenschreiber, Hr. Clemens Peter Paul Bovery.

Amts-Ortschafften u. Schultheissen.
- Hüttenheim, Johann Leonard Wetter.
- Röddelsee, Ludwig Behm.
- Wiesenbrunn, Georg Lang.

Amts-Bott, Georg Tepisch.

Amt Kitzingen.

Ober-Amtmann, vide Aschach.
Amts-Keller und Centhgraff über die Centh Trimperg, Hr. N. Seyling.
Stadt-und Centh-Physicus, Hr. Johann Georg Jäger, Med. Doct. vide pag 71.
Amts-Gegen-Centh und Stadtschreiber, auch Ober-Acciser, Hr. Joseph Anto Cælar.
Guldens-Zöllner, Hr. Peter Keil.

Centh-Chyrurgi.
- Hr. Joseph Düring.
- Hr. Johann Georg Krech.

Cur-Platz-Gärtner, Anton Pfauner.

K 3

Caritz

Amts-Schultheissen

Gartz, Joseph Reuß.

Haussen, Johann Bockleth.

Nüdlingen, Barthel Schäffer, auch Guldens-Zöllner allda.

Winckles, Joh. Pfrang, auch Guldens-Zöllner allda.

Amt Kitzingen.

Ober-Amtmann, Tit. Hr. Constantin von Mauchenheim, genannt Bechtelsheim, Herr zu Mainsondheim, Alber-hoffen und Mainstockheim, vide pag. 73.

Stadt-Vogt, Centhgraff, Closter- und Kasten-Verwalter, Hr. Johann Ignatz Pfenning.

Stadt-Physicus, Hr. Johann Philipp Ignatz Kast.

Spithal Verwalter, Hr. Joseph Adam Klinger, auch Was-ser- und Guldens-Zoll Adjunctus.

Commercien-Rath, Hr. Frantz Ludwig Wahler

Amts- und Gegenschreiber, Hr. Joh. Heinrich Behringer.

Stadt-Syndicus, Hr. Joseph Jungkunk, vide pag 87.

Wasser- und Guldens-Zöllner, Hr. Johann Schott.

Geleits-Weeg- und Brucken-Zöllner, dann Accis-Verwalter, auch Wasser-Zoll- und Spithal-Gegenschreiber, und Waag-Inspector, Hr. Johann Michael Schnitt, Not. Cæl Publ.

Centhschreiber und Unter-Acciser, Hr. Balthasar Schmitt.

Ober-Acciser, Hr. Joseph Trübswetter.

Spediteurs. { Hr. Reichard Sauber. Hr. Florian Mohr. Hr. Johann Georg Elps.

Wasser-Waag- und Cranen-Meister, Hr. Lorentz Stüber.

Casernen-Inspector, Hr. Johann Christoph Faber.

Amts-Gegen- und Rathschreiber zu March-Grossenlang-heim, Hr. Stephan Traub.

Amts-Dörfschaften u. Zöllner

Buchbrunn, * Johann Carl Sattel.

Johann Martin Schloßnagel, Zöllner daselbst.

Grossen-Langheim, Johann Cuntzmann.

Hohefeld, Johann Christoph Steinbrückner.

Hoheim, *Johann Andres Hoffmann.

Mainstockheim, * Leynard Stertzenbach, auch Zöll-ner allda.

Rep-

Amts-Ortschafften Schultheissen uud Zöllnere.	Repperndorff, Georg Bruxner.
	Zöllner daselbsten, Andreas Krösch.
	Sultzfeld am Mayn, * Hr. Peter Bellosier, Amts-Schultheiß und Zöllner daselbst.

Amt Königshoffen im Grabfeld.

Commendant und Ober-Amtmann, Tit. Hr. Carl Reinhard Freyherr von Draxdorff, vide pag. 76.

Amts-Keller, auch Brucken- und Pflaster-Zöllner, Hr. Johann Pleickard Bitthäuser.

Stadt-Schultheiß, Centhschreiber, dann Gulden-Weeg- und Land-Ober-Zöllner, auch Brau-Inspector, Hr. Johann Michael Matthäi, des Kayserl. Land-Gerichts Hertzogthums zu Francken Consulent.

Centhgraff, Amts- und Stadtschreiber, Hr. Georg Melchior Adam Leo.

Amts-Gegen-Schatz- und Zunfftschreiber, auch Stück-Lieutenant und Zeugwarth, Hr. Frantz Wagner.

Spithl-Verwalter und Closter-Wechterswinckischer Castner, Hr. Ignatz Gottfried Fares.

Spithal-Gegenschreiber und Unter-Pfleger, auch Closter-Wechterswincklischen Casten-Amts-Gegenschreiber, Hr. Johann Michael Wohlfrumm.

Amts-Ortschafften, Schultheissen und Dorffmeistere.

- Alßleben, Jörg Schlichtig.
- Althausen, Johann Schlimbach.
- Aub, Jörg Wasser.
- Eyershaussen, Christoph Kitzing.
- Babültzhausen, Caspar Schmidt.
- Heubstatt, Andres Schmitt.
- Merckershausen, Hanns Jörg Dömbling.
- Ober-Eßfeld, Georg Eschenbach.
- Unter-Eßfeld, Jörg Schmidt.
- Ipprhausen, Michael Mauer. } Beede Dorffsmeistere.
- Ottelmannshausen, Christoph Werner.

Amts-Bott, Hanns Lang.
Centh- und Amts-Diener, Thomas Brönner.

K 4   Amt

Amt Lauda.

Ober-Amtmann, Tit. Hr. Christoph Veit Freyherr von
Fuchs, vide pag. 83.

Amts-Keller, Hr. Johann Frantz Xaveri Schneid, auch
Hochfürstl. Wirtzburgischer Hof-Cammer-Rath.

Centhgraff und Zoll-Bereiter, Hr. Carl Sigmund Häffner,
Not. Cæsar. publ. jur.

Amts-Stadt-Centh-und Gegenschreiber, Hr. Johann
Lorentz Speiser.

Guldens-Zöllner, Hr. Melchior Augustin Renck.

Amts-Dörffer heissen und sind | Beckstein, Johann Leonard Ruckert.
| Distelhausen, Conrad Eckbert.
| Heckfeld, Adam Volckbert.
| Marbach, Jörg Adam Göll.
| Oberlauda, Martin Mohr.
| Unterbalbach, Ludwig Unger.

Amt Lauringen.

Ober-Amtmann, vide Hofheim.

Amts-Keller, Centhgraff, Julier und Arnsteiner Spithal-
Castner, auch Guldens-Zöllner, Hr. Frantz Anton
Dehrlein.

Amts-Stadt-Centh- und Gegen- auch Zunfftschreiber, Hr.
Conrad Joseph Roman.

Centh-Chirurgus, Hr. Anton Kempff.

Amts-Dörffer heissen und sind | Aidhausen, Baltzar Reuter.
| Fuchstatt, Hanns Stapff.
| Happertshausen, Thomas Eyring.
| Kerbfeld, Melchior Deppert.
| Leinach, Hanns Michael Füglein.
| Sutzdorff, Martin Behr.
| Wetteringen, Hanns Adam Schmitt.

Amt Maynberg.

Ober-Amtmann, Tit. Hr. Constantin Freyherr von Welden,
Hochfürstl. Wirtzburg. Geheimer-Rath, und Ober-Amtmann zu Maynberg, vid. pag. 65.

Amts-Keller und Forstmeister, auch der Hochfürstl. Universität und Julier-Hospithals Administrator, Hr. Frantz
Jacob Barbie.

Centh-

Centhgraff von der Centh Carlsberg und Marcksteinach,
 Hr. Christoph Wirth.
Amts-Gegenschreiber, Hr. Johann Caspar Günther.
Gulden-Weeg- und Wasser-Zöllner, Hr. Johann Frantz
 Scheurring.
Ober-Acciser, Hr. Johann Georg Booß.

Amts-Dorfschaften und Schultheissen.
- Albersfeld, Johann Adam Ablstich.
- Ballingshausen, Bernard Seuffert.
- Dittelbrunn, Johann Circkelbach.
- Ebertshausen, Johann Herterich.
- Forst, Andreas Schreck.
- Greishausen, Peter Pfaff.
- Hambach, Niclaus Müller.
- Haussen, Sebastian Hendinger.
- Hesselbach, Martin Kneuer.
- Leffelsterz, Johann Adam Frieß.
- Mainberg, Jörg Adam Füglein.
- Marcksteinach, Johann Knortz.
- Reichmanshausen, Valentin Räth.
- Schonungen, Georg Wahler.
- Uchtelhausen, Johann Wettering.
- Waldsachsen, Andreas Jacob.

Amt Marckbibarth.

Ober-Amtmann, vide Kitzingen.
Amts-Keller, Centhgraff, auch Gulden-Weeg- und Gelait-
 Zöllner, auch Forstmeister, Hr. Frantz Joseph Stern.
Amts-Begen-Centh- auch Zunfft-und Zoll-Gegenschreiber,
 Hr. Johann Michael de Mangern.

Amts-Dorfschaften und Zöllner, Schultheissen.
- Altmannshausen, Johann Jacob Doseth, auch Zöllner
   daselbst.
- Herboltzheim, Carl Norder, auch Zöllner daselbst.
- Ingolstatt, Georg Berwind, auch Zöllner daselbst.
- Krautostheim, Johann Michael Alt, auch Zöllner da-
   selbst.
- Ullenheim, Caspar Endres.
- Altenspeckfeld, Martin Dornberger, Gemeind-
   Meister.
- Zöllner auf dem Hammelsteig, Hanns Jörg Federlein.

Um

Amt Mellrichstadt.

Ober-Amtmann, Tit. Hr. Joseph Anton Kolb von Reindorff, vid. pag. 83

Amts-Keller und Centhgraff, Hr. Philipp Anton Vay,
auch Spithal-Verwalter und Zöllner.

Amts-Stadt-Centh-und Gegenschreiber, Hr. Johann Wilhelm Burckard.

Amts-Orschafft und Schultheissen.
- Berckach, Johann Michael Dietz.
- Euffenhaufen, Johann Georg Will.
- Frickenhaufen, Jörg Türck.
- Häudungen, Niclaus Baumbach.
- Mittelstrey, Andreas Reder.
- Oberstrey, Jacob Gottwaldt.
- Stockheim, Martin Simon.
- Wolffmannshaufen, Mathes Mack.

Amt Münnerstadt.

Ober-Amtmann, vide Mellrichstadt.

Amts-Keller und Centhgraff, auch Stadt-Schultheiß,
Hr. Johann Lorentz Ignatz Kurtz, vid. pag 15.

Amts-Spithal-Gegenschreiber und Ober-Acciser, Hr. Johann Michael Ottenberge, Not. Cæs. Publ. Jur.

Amts- und Centhschreiber, auch Weeg-Land-und Gulden-
Zöllner, * Hr. Johann Schmitt.

Spithal-Verwalter und Stadtschreiber, Hr. Lorentz Melchior Schultz.

Ober-Burgermeister, * Hr. Thomas Bauer.

Unter-Burgermeister, Hr. Christoph Emes.

Amts-Orschafft und Schult-heissen.
- Althaufen, Jörg Adam Seith.
- Burdtlauer, Hanns Michael Schmid, auch Zöllner allda.
- Wermerichshaufen, Hans Adam Federlein.

Amt Neustadt an der Saal.

Ober-Amtmann, Tit. Hr. Carl Adolph Freyherr von Greiffenclau, des Hohen Teutschen Ordens-Ritter, und Commandeur, Sr. Churfürstl. Durchl. zu Cölln, Cammer-
Herr ıc. vide pag. 83.

Amts-Verweser, * Hr. Frantz Joachim Kirchgesner, Com.
Palat. Cæsar.

Zöll.

Zoll-Bereiter, Spithal-Verwalter und Wald-Gegenschreiber, Hr. Johann Sigmund Wentzel, vide pag. 73.

Amts-Stadt-und Centh-Physicus, Hr. Johann Peter Pretscher, Philosoph. & Med. Doct.

Centhgraff und Amtsschreiber, Hr. Philipp Joseph Kramer, Not. Cæs. publ. Jur.

Stadt-und Amts-Gegenschreiber, auch Weeg-und Guldens-Zöllner, Hr. Philipp Joseph Rautenstrauch.

Centhschreiber, Spithal-Gegen-und Zunfftschreiber, Hr. Johann Adam Mölter.

Ober-Accisor, Hr. Johann Conrad Hoch.

Ober-Burgermeister, Hr. Frantz Christoph⎫
   Handel.   ⎬ zu Neustadt.
Unter-Burgermeister, Hr. Joseph Bauer.⎭

Unter-   ⎰Hr. Michael Morschhäuser.
Accisores. ⎱Hr. Benedict Morschhäuser.

Kellerey-Büttner und Herrschafftl. Wiesen-Inspector, Johann Michael Morschhäuser.

Amts-Ortschafften und Schultheißen.
{
Bastheim, Adam Greyer.
Brend Lorentzen, Caspar Weyer.
Herschfeld, Jacob Scheuplein.
Heustrey, Valentin Koberlein.
Hohenroth, Kilian Wachtel.
Hollstatt, Baltzar Balling.
Lebenhann, Valentin Bühl.
Leudershausen, Johann Martin Pfeffermann.
Lörieth, Johann Michael Volckheimer.
Mühlbach, Johann Wilhelm Koch.
Niederlauer, Johann Martin Katzenberger.
Ober-Eberspach, Peter Schmitt.
Nüdelmayer, Valentin Muth.
Saltz, Michel Katzenberger.
Strolungen, Niclaus Heyn.
Unsleben, Lorentz Halbig.
Unter-Eberspach, Johann Hein.
Windshausen, Stephan Kirchrer.
Wollbach, Johann Jörg Baumeister.
Wülffertshausen, Sebastian Gernert.
}

Breb-

Schulth. in denen Centh. u. Schutzbar. Ortschafft.
{
Breidbach, Hanns Jörg Schmidt.
Beckenau, Hanns Blumm.
Reyersbach, Johann Fatt.
Röbles, Peter Fidler.
Unterwaldbevungen, Johann Michael Schmidt.
}

Amt Oberschwartzach.

Ober-Amtmann, vide Geroltzhoffen.

Amts-Keller, Centhgraff, Forstmeister und Zunfft-Richter, Hr. Ernst August von Eckard.

Amts-Centh- und Gegenschreiber, auch Ober Acciser, Hr. Johann Georg Volt, Not. Cæsar. publ.

Ober-Burgermeister und Unter-Acciser zu Ober-Schwartzach, Hr. Nicolaus Pfister.

Unter-Burgermeister, * Conrad Friderich.

u. Amts-Schultheißen in Amts-Ortschafften
{
Hanthal, Hanns Jörg Reinstein.
Mutzenroth, * Johann Büttner.
Schallfeld, Melchior Erhard
Schönaich, Andreas Friderich.
Untersambach, Andreas Sailer.
Wibelsberg, Johannes Gloß.
Gaireuth, * Joseph Schwanab.
}

Amts- und Cent-Diener, * Frantz Sittig.

Amt Poppenlauer.

Ober-Amtmann, vide Mellrichstadt.

Amts-Keller, Hr. Johann Ulrich Siegerst.

Amts- und Gegenschreiber, Hr. Johann Adam Uhl.

Schultheiß zu Poppenlauer, Hanns Adam Spieß.

Zu Maßbach, * Hanns Jörg Dietmer.

Amts-Gott, Andres Eißner.

Amt Prölsdorff.

Ober-Amtmann, vide Schlüsselfeld.

Amts-Keller und Forstmeister, Hr. Joseph Georg Nicolaus Wilhelm.

Amts- und Gegenschreiber dann Ober-Acciser, Hr. Johann Georg Balthasar Hermann.

Carbach,

Carbach, Niclaus Ziegler.
Ober-Steinbach, Valentin Henffling.
Prölsdorff, Hanns Jörg Zier.
Spielhoff, Caspar Schweinfest.
Strinsdorff, vacat.
Untersteinbach, Valentin Ziegler.
Wüstwill, Martin Münch.
Firmbach, Hanns Wernsdorffer. | beede Bauer-
Schindelsee, Leonard Hoffmann. | meistere.

Amt Proseltzheim mit Rimpar.

Ober-Amtmann, Tit. Hr. Philipp Freyherr von Münster, Chur-Cöllnischer Cämmerer und Hochfürstl. Ober-Amtmann zu Rimpar, und Proseltzheim.
Amts-Keller, Hr Georg Adam Weinbach, auch Hochfürstl. Wirtzburgischer Hof-Cammer-Rath.
Centhgraf und Gegenschreiber zu Rimpar, Hr. Johann Michael Heylmann.

Berchtheim, Johann Weigand.
Burggrumbach, Andreas Albert,
Dieppach, Thomas Seitz.
Kürchnach, N. Scheller.
Maidbronn, Johann Georg Rupert.
Ober-Pleichfeld, Johann Friderich.
Rimpar, Joh. Michael Schemig, auch Guldens-Zöllner.
Unterpleichfeld, Johann Peter Schneider.
Neusetz, Georg Brunner.
Püssentzheim, Johann Georg Blaß } Bauermeistere.
Schnepffenbach, N.

Amt Ripperg.

Ober-Amtmann, vide Hardheim.
Amts-Keller und Centhgraf, Hr. Johann Michael Fischer, auch Centhgraf zu Hardheim.
Amts-Gegenschreiber und Ober-Acciser, auch Schultheiß zu Hapnstadt, Hr. Simon Gallus Gotha.

Hambrunn, Peter Berberich.
Hornbach, Groß und Klein, Michael Geyer.
Gerolzhan mit Neusaß, Andreas Bundschuhe.
Gottersdorff, Johann Weckbacher.
Ripperg, Lorentz Volck.

Amt

Amt Röttingen und Reichelsberg.

Ober-Amtmann, Tit. Hr. Goderfrid Ludwig Adam Gottlieb
Zobel von und in Giebelstatt, Hochfürstl. Wirtzburg. Geheimer-Rath, Ober-Amtmann zu Röttingen und Reichelsberg, dann deß Adelichen Ritter-Ordens S. Michaëlis
Commandeur.

Amts-Keller und Centhgraf, Hr. Joh. Christoph Bittheuser.

Spithal-Verwalter, Amts-Centh-und Gegenschreiber, auch
Stadtschreiber und Ober-Acciser, Hr. Michael Balthasar Rabschenckel.

Zöllner, Hr. Adam Gern.

Aufstetten, Linhard Ulsamer.
Ballersheim, Georg Metzger.
Bieberehrn, Johann Döhling.
   Zöllner daselbst, Michael Döhling.
Boltzhausen, Sebastian Reichert.
Buch, Johann Georg Gehring.
Burgerroth, Sebastian Neeser.
Klingen, Andreas Walch.
   Zöllner daselbst, Hans Jörg Lutz.
Königshofen, Peter Anton Kuhn.
   Zöllner daselbst, Veit Bullinger.
Riedenheim, Conrad Breunitz.
   Zöllner allda, Hanns Jörg Beck.
Sachsenheim, Simon Reichert.
Sonderhofen, Bernard Metzger, auch Zöllner allda.
Stalldorff, Johann Nörpel.
   Zöllner daselbst, Joseph Ebert.
Struth, Valentin Frieß.
   Zöllner daselbst, Martin Teufel.
Tauber-Rettersheim, Hans Jörg Bumm, auch Zöllner
   allda.

(Am Rand: Amts-Dorf-Haffen, Schultheissen und Zöllner.)

Amt Rottenfels.

Ober-Amtmann, Tit. Hr. Joseph Christian Freyherr Lochner
von Hüttenbach, vid. pag. 82.

Amts-Keller und Spithal-Verwalter, Hr. N. Papius
J. U. L.

Centgraf,

Centgraf, Zoll-Verwalter, Stadt- und Zunfftschreiber, Hr. Johann Ludwig Lippert.

Amts-Centh- und Zoll-Gegenschreiber, * Hr. Johann Philipp Albrecht.

Ober-Acciser, Hr. Johann Michael Klug.

Lehen-Renovator, auch Gotteshaus-Pfleger, Hr. Sebastian Schuhemann.

Gestuthwarth im Hof Lindenfurt, Hr. Johann David Hahn.

Nortenfels. { Hr Joseph Weyer. Hr. Ludwig Lippert. } Beede Burger-meistere.

Amts-Orlschasten u. Schultheissen.
Aspach, Jörg Geißler.
Buckenfeld, Heinrich Michael Hammer.
Carbach, Hanns Schäth.
Esselbach, Johann Nicolaus Kolter.
Eriach, Benedict Harth.
Greussenheim, Jörg Rügemer.
Hafenlohr, Jörg Roth.
Neustatt, Philipp Greser.
Oberndorff, Kilian Schreck.
Pflochsbach, Johannes Christ.
Roden, Johann Michael Greßer.
Sendelbach, Michel Lösch.
Steinfeld, * Johann Adam May.
Waldzell, Hanns Schippert.

Amt Schlüsselfeld.

Ober-Amtmann, Tit. Hr. Constantin Freyherr von Pöllnitz, vid. pag. 61.

Amts-Keller, Centhgraf, Vogt zu Lonnerstatt, Forstmeister, Zöllner, und Julier-Spithals-Gefäll Administrator, Hr. August, Joseph Dichtel.

Amts-Stadt-Cent- und Zoll Gegenschreiber, Hr. Godfried Joseph Bitthäuser.

Lehen-Vogt zu Lonnerstatt, Hr. Conrad Staud.

Lehen-Schultheiß zu Heichelheim. vacat.

Schlüsselfeld, { Sebastian Leyhe, Ober-Burgermeister. Georg Ritzel, Unter-Burgermeister.

Steuer-Einnehmer, Hr. Georg Wilhelm Schlaffhäuser.

Adelsdorff, Heinrich Steinkrug, Burgermeister.

Burg-

Burghöchstätt, Johann Sternecker, Schultheiß.
Debersdorff, Andreas Maynhard, Burgermeister.
Heichelheim, Johann Georg Jacob, Burgermeister.
Ober-Rimpach, Jörg Röder, Burgermeister.
Rambach, Marx Wöllner, Burgermeister.
Thüngbach, Peter Rudeck, Burgermeister.
Thüngfeld, Johann Georg Schlick, Ober-Burgermeister.
Johann Schmidt, Unter-Burgermeister.

Ubrige Amts-Ortschafften, welche mit Fremdherrischen Unterthanen vermischet.

Freyenhaßlach.
Jllmenau.
Lonnerstatt.
Oberdaschendorff.

Posenfelden.
Reündorff.
Unter-Rimbach.

Amt Seßlach.

Ober-Amtmann, vide Ebern.
Amts-Keller und Zöllner, Hr. Johann Joseph Lang, vid. pag. 72.
Centhgraf, Stadt- und Amts Gegenschreiber, Hr. Carl Anton Marck.

Dittersdorff, Johann Georg Finkel.
Gemünden, Caspar Gossenberger.
Gleißmuthausen, Johann Müller.
Haffenpreppach, Johann Georg Güthlein.
Hattersdorf, Johann Philipp Hemmerlein.
Käßlitz, Christoph Mensel.
Memmelsdorff, David Ulrich.
Schottenstein mit Molckendorff und Weltzberg, Andreas Späth.
Unter-Eldorff, Johann Varnickel.

Amt Sultzfeld oder Wildberg im Grabfeld.

Ober-Amtmann, vide Königshoffen.
Amts-Keller und Zöllner, Hr. Johann Georg May.
Centhgraf, Hr. Johann Valentin Philippi.

Amts-

Amts-Centh-und Gegenschreiber, Hr. Anton Bonifacius Zimmicker, Not. Cæf. publ. Jurat.

Leben-Schreiber, Christoph Leicht.

Amts-Orthschafften u. Eichenhausen, Johann Hellmuth
Grussenbardorff, * Johann Schüller.
Grossen-Eibstatt, Johann Sebastian Kneff.
Saal, Johann Deuschler.
Seybringshausen, Johann Martin Schmidt.
Sultzfeld, Caspar Walter.
Weichtungen, Hannß Jörg Tenner.

Tahlheim.

Zehend-Verwalter, Hr. Wenzel Augustin Wanteck.

Amt Trimperg.

Ober-Amtmann, Tit. Hr. Philipp Wilhelm von Cronegg, Hoch-fürstl. Wirtzburg Ober-Amtmann zu Trimperg, vid. pag. 73.

Amts-Keller, Hr. Philipp Ferdinand Bodtmann.

Centhgraf, vide Kißingen.

Amts-Centh-und Gegenschreiber, Hr. Johann Georg Sebastian Tucher.

Ober-Acciser, Johann Valentin Sell.

Amts-Orthschafften und Schultheissen Aura, Lucas Bienmüller.
Beßingen-Alt, Niclaus Neuberth,
Beßingen-Neu, Friderich Kießner.
Burckhausen, Niclaus Werth.
Elffershausen, Hannß Michel Eckel.
Engenthal, Jörg Adam Vierheilig.
Euerdorff, Johann Georg Stonnenberg.
Fuchsstadt, Johann Peter Stöbl.
Gauaschach, Hannß Göbel.
Langendorff, Hannß Scherpff.
Machtilshausen, Hannß Morper.
Oehrberg, Melchior Schlereth.
Oberdulba, Hannß Volckmuth.
Rambsthal, Hannß Metzler.
Schwebenrieth, Sebastian Reb.
Sultzthal, Jacob Metz.

Amts Drißschaft u. Schultheißen.

[Trimperg, Johann Melchior Müller,
Wassrlosen, Michael Simon.
Westhelm, Johann Michael Fischlein.
Wirmsthal, Hannß Jörg Büttner.
Wittershausen, Hanß Adam Zinck.
Wülffershausen, Johann Clauß Frantz.

Amt Veitshöchheim.

Ober-Amtmann. vide Carlstadt.

Amts-Keller, Hr. Johann Anton Gotha.

Centhoraf, vide Carlstadt

Amts-Gegen-Forst-Gegen-und Zunfftschreiber, auch Ober-Acciser, Hr. Ignatz Gallus Bischoff.

Amtsschreiber, Hr. Johann Georg Dill.

Schloß-Verwalter zu Zellingen, Hr. Joh. Melchior Schmitt, auch Guldens-Zöllner allda.

Gegenschreiber zu Zellingen, * Niclaus Günter.

Lust-und Schloß-Gärtner zu Veitshöchheim, Hr. Georg Joseph Ott.

Schloß-Gärtner zu Zellingen, Hr. Frantz Hamburger.

Amts-Diener, * Hannß Jörg Hofmann.

Amts-Dieners Adjunctus, * Barthel Hofmann.

Amts-Drißschafften und Schultheißen.

[Erlabrunn, Silverius Eckert.
Gundersleben, Michel Reißweber, auch Zöllner allda.
Margetshöchheim, Caspar Oehrlein.
Oberleinach, Conrad Stockmann.
    Martin Rügamer, Guldens-Zöllner daselbst.
Thüngersheim, Johann Adam Adelmann.
Veitshöchheim, Stephan Köhm
Unterleinach, Joseph Weissenberger.
    Caspar Mehling, Guldens-Zöllner daselbst.
Zell, Joseph Fäsel.
Zellingen, * Niclaus Günter.

Amt Volckach.

Ober-Amtmann, vide Clingenberg.

Amts-Keller, Hr. Johann Michael Eugeni Kaß,

Stadt Physicus. Hr. Ignatius Fesel.

Stadt-und Gegenschreiber, auch Zöllner, Hr. Johann Christoph Wahlmeister.

Spithal-Verwalter, Hr. Johann Georg Ludwig Wolffrum.

Eschern-

Amts-Dreissig-Schultheiss und Zöllner.

Escherndorff, Tobias Friderich Schlier.
Zöllner daselbst, Christoph Viegner.
Köhler, Johann Borsch, auch Zöllner daselbst.
Nordheim, Jörg Adam Plettner, auch Zöllner allda.
Ober-Volckach, Stephan Feuerbach.
Zöllner daselbst, * Andres Freymann.
Sommerach, Valentin Zwinger, auch Zöllner daselbsten.
Unter-Eissenheim, Michael Oesttering, auch Zöllner allda.

Amt Werneck.

Ober-Amtmann, vide Dettelbach.
Amts-Keller, Hr. Joseph Valentin Vay.
Centhgraf und Gegenschreiber, auch Amts-Schreiber, Hr. Johann Jörg Marr.
Spithal-Verwalter und Zöllner zu Geldersheim, auch Centh-schreiber, Hr. Johann Georg Heun.
Lehen Renovator, und Zöllner zu Waigoltshausen, Hr. Johann Valentin Hereth.
Lust- und Schloß-Gärtner, Hr. Johann Michael Ott.
Inspector auf der Ettleber Seewiesen, Balthasar Reuß.

Beede Zehend-Inspectores zu Geldersheim. { Georg Schömmel, auch Werreremeister.
Peter Hering.

Kasten-Knecht und Wiesenmann zu Werneck, Hanns Jörg Walter.

Amts-Dreissig und Guldens-Zöllner, Schultheissen.

Eckartshausen, Jörg Böhmer.
Egenhausen, Hanns Adam Fick.
Guldens-Zöllner, Johann Leonard Strasser.
Eitleben, Adam Klenckert, auch Weeg-Zöllner.
Garstadt, Hanns Michel Pfleger, auch Guldens-Zöllner daselbst.
Geldersheim, Georg Adam Schömmel.
Hergolzhausen, Hanns Maader.
Zöllner daselbsten, Andreas Reichert.
Kützberg, Hanns Warmuth.
Zöllner daselbst, Christoph Schöller.
Rundelshausen, Jörg Huppmann.
Zöllner daselbst, Michel Müller.

R 2　　　　　　　Schna-

Schnackenwehrt, Hanns Jörg Gumpert, auch Zöllner daselbst.
Schleerieth, Adam Huppmann.
Zöllner daselbst, Hanns Schlotter.
Schrautenbach, Peter Schmitt, auch Zöllner daselbst.
Sömmersdorff, Niclaus Rosenberger, auch Guldens-Zöllner allda.
Stettbach, Caspar Schmidt, auch Guldens-Zöllner.
Vaspühl, Hanns Jörg Krückel.
Waigoltzhausen, Andreas Waiß.
Werrenmeister allda, Johann Georg Neeb.
Zeutzleben, Hanns Michael Hammer, auch Zöllner daselbst.

Closter-Amt Wechterswinckel.

Ober-Probst, Tit. Hr. Johann Philipp Ludwig Freyherr von und in Franckenstein, tot. tit. vide pag. 2.

Consulent, Hr. Friderich Joseph Unger, J. U. L. Comes Palat. Cæsar. vide pag. 66.

Unter-Probst, Hr. Philipp Valentin Blasius Vitus Heinrichen.

Gegenschreiber, Hr. Johann Kohl.

Castner zu Königshoffen, Hr. Johann Gottfried Fares.

Gegenschreiber daselbst, Hr. Johann Michael Wohlfrum.

Braidbach, Hanns Jörg Schmidt.
Frickenhausen, * Martin Eckert.
Geckenau, Johann Dorst.
Reyerbach, Johann Fatt.
Rödles, * Christoph Greyer.
Schönau, Johann Michael Zirckenbach.
Unterwaldbehrungen, Mathes Neuweber.

Amt Widdern. Gan-Erbisch.

Verwalter, Hr. Georg Friderich Carben.

Amt Wildperg.

Vid. Sultzfeld im Grabfeld.

NB. Weilen keine Aenderung mit denen Amts-Botten vorgegangen, als hat man den Nachrichtlichen Anhang davon für dieses Jahr nicht beygedrucket.

Ver-

Verzeichnuß

Derenjenigen Tägen, an welchen die Land-Botten in der Hochfürstl. Residentz-Stadt Wirtzburg ankommen, und von daraus wieder abgehen.

Montag.

Homburg am Mayn.
Remlingen.
Neubronn.
Kißingen.
Aschach.
Werneck.
Ebenhausen.
Arnstein.
Bücholb.

Dienstag.

Hofheim oder Rottenstein.
Mainberg.
Schwanfeld oder Klingenberg
Königshoffen im Grabfeld.
Sultzfeld oder Wildberg.
Lauringen.
Grünsfeld.

Mittwochen.

Kitzingen.
Grossenlangheim.
Trimberg.
Marckbibart.
Ipphoffen.
Volckach.
Geroltzhoffen.
Proselkheim.
Rimpac.
Dettelbach.
Heydingsfeld.
Hartheim.
Ripperg.

Donnerstag.

Hilters.
Bischoffsheim.
Fladungen.
Mellerichstadt.
Wechterswinckel.
Münnerstadt.
Poppenlauer.
Neustadt.
Aub.
Röttingen.

Freytag.

Seßlach.
Ebern.
Haßfurth.
Eltmann.
Marienburghausen.
Auça im Sinngrund.
Gemünden.
Homburg an der Werren.
Carlstadt.
Veitshöchheim.
Freudenberg alle 14. Täg ein
Rottenfels.   (mahl.
Lauda.   Samstag.
Prölsdorff.
Schlüsselfeld.
Ober-Schwarzach.
Jagstberg.
Bütthard mit Neukirchen.
Dettelbach.
Volckach.
Proselkheim.
Kitzingen.
Heydingsfeld.

R 3   Genea-

Genealogischer Calender

Aller

Hoher Geburts-Tåg und Geburts-

Jahren deren Kayseren, Königen, Chur-
und regierenden Fürsten, auch deren
Erb-Printzen.

Geburts-Tåg.	JANUARIUS.	Geburts-Jahr.
1	Carl, Fürst zu Nassau-Ussingen.	1712
3	Ludwig, Erb-Printz von Nassau-Saarbrück	1745
4	Wilhelm, Pfaltz-Graf von Birckenfeld zu Geln-bausen.	1701
5	Johann Wilhelm, Fürst von Trautson.	1700
6	Ludovicus Eugenius, Printz von Würtemberg Stuttgard.	1731
8	Johann Friderich, Fürst von Schwartzenburg-Rudelstadt.	1721
	Carl Friderich, Erb-Printz von Hohenzollern-Sigmaringen.	1724
11	Friderich Wilhelm, Fürst von Solms-Braun-fels-Greiffenstein.	1696
12	Joseph, Erb-Printz von Kinsky.	1751
14	August Georg, Printz von Baaden-Baaden.	1706
16	Carl Christian, Fürst von Nassau-Weilburg.	1735
18	Friderich Heinrich Ludwig, Königl. Printz in Preussen.	1726
	Johann Aloysius, Fürst zu Oettingen.	1707
20	Ferdinand Joseph Maria Ludwig Pr. von Parma.	1751
	Carolus, König in Sicilien.	1716
22	Josephus, Printz von Hessen-Darmstadt, Bi-schoff zu Augspurg.	1699
24	Friderich, König in Preussen.	1712
	Gustav, Königl. Erb-Printz von Schweden.	1746
25	Nicolaus Leopold, Fürst von Salm-Salm.	1701

JA-

JANUARIUS.

26	Joseph Maria Ludwig, Chur-Sächsischer Printz.	1754
28	Johann Georg, Printz von Anhalt-Dessau.	1748
29	Christian, Cron-Printz in Dännemarck.	1749
30	Ernst Ludwig, Printz von Sachsen-Gotha.	1745
	Friderich Ludwig, Landgraf von Hessen-Homburg.	1748

FEBRUARIUS.

1	Carl Joseph Emanuel, Kayserl. Printz.	1745
4	Ludwig Wilhelm August, Printz von Fürstenberg.	1705
7	Carl Friderich, Hertzog von Würtemberg-Oels.	1690
9	Georg Joseph Wilhelm Aloysius, Bischoff zu Basel.	1704
11	Carolus Eugenius, Hertzog zu Würtemberg-Stuttgart.	1728
12	Anton Ernst, Printz von Oettingen.	1712
13	Friderich, Printz von Hessen-Philippsthal.	1727
14	Carl Ludwig, Erb-Printz von Baaden-Durchlach.	1755
15	Wilhelm Ludwig, Printz von Schwartzburg.	1696
	Ludwig der XV. König in Franckreich.	1710
16	Adam Friderich Joseph Maria, Bischoff zu Bamberg und Wirtzburg, Hertzog zu Francken.	1708
17	Johann August, Printz von Sachsen-Gotha.	1704
	Carl Joseph Anton, Printz von Auersberg.	1720
21	Carl Peter Ulrich, Hertzog von Hollstein-Gottorp.	1728
23	Carl Ludwig Friderich, Printz von Mecklenburg Strelitz-Mirou.	1708
24	Christian Friderich Carl Alexander, Marggraf von Brandenburg-Anspach.	1736
26	Friderich, Pr. von Zweybrück-Birckenfeld.	1724
28	Franciscus Wilhelm, Printz von Hohenzollern.	1707
	Sigmund Christoph, Ertz-Bischoff von Saltzburg.	1698

MARTIUS.

1	Dominicus Anton, Bischoff von Tribent.	1686
2	Frantz Philipp Adrian, Fürst von Hatzfeld.	17..
6	Wilhelm Heinrich, Fürst von Nassau-Saarbrück.	1718
7	Carl Thomas, Fürst von Löwenstein-Wertheim.	1714
	Clemens XIII. Römischer Pabst	1693
8	Fürst Wilhelm, Erb-Statthalter in Holland.	1748

L 4

MARTIUS.

Tag		Jahr
8	Ernest Friderich, Printz von Sachsen-Coburg-Saalfeld.	1697
10	Landgraf Wilhelm von Hessen-Cassel, Graf zu Hanau.	1682
	Frantz Conrad, Fürst und Bischoff zu Constantz.	1706
	Georg Ludwig, Printz von Hollstein-Gottorp.	1719
12	Wilhelm, Printz von Sachsen-Gotha.	1701
13	Fridericus, Pr. von Anhalt-Bernburg.	1718
	Joseph Benedict August, Kayserlicher Printz.	1741
15	Philippus, Infant von Spanien, Hertzog von Parma.	1720
	Friderich Heinrich Wilhelm, Erb-Printz von Hollstein Glücksburg.	1747
22	Alexander Ferdinand, Fürst von Tour und Taßis.	1704
24	Friderich Georg, Printz von Braunschweig-Bevern.	1723
	Ludwig Constantin, Bischoff von Straßburg.	1697
25	Eduard August, Königl. Groß Brittanischer Pr.	1739
28	Maximilian Joseph, Chur-Fürst in Bayern.	1727
31	Friderich, König in Dännemarck.	1723

APRILIS.

Tag		Jahr
1	Friderich, Hertzog von Hollstein-Glücksburg.	1701
2	Willhelm, Printz von Hessen-Philippsthal.	1692
5	Ludwig, Landgraf von Hessen-Darmstadt.	1691
	Joseph Anton, Fürst von Hohenlohe-Bartenstein.	1707
	Friderich Carl Ferdinand, Pr. von Braunschweig-Bevern.	1720
6	Friderich Christian, Hertzog zu Hollstein Sunderburg.	1721
11	Leopold, Printz von Hessen-Darmstadt.	1708
	Joseph Wilhelm Ernst, Fürst von Fürstenberg-Stülingen.	1699
14	Friderich, Hertzog zu Sachsen-Gotha.	1699
15	Anton Frantz, des Königs in Portugall Vatters Bruder.	1695

Geburts-Tåg.	APRILIS.	Geburts-Jahr.
19	Clemens Frantz de Paula, Hertzog in Bayern.	1722
23	Frantz Ulrich, Fürst von Kursko.	1726
26	Wilhelm August, Hertzog von Cumberland.	1721
27	Carolus Emanuel Victor, König von Sardinien.	1701
	Ferdinand Philipp Joseph, Fürst von Lobkowitz.	1724
	Carl Maximilian Philipp, Fürst von Dietrich-stein.	1702
29	Raymund Anton, Gr. von Straßoldo, Bischoff und Fürst zu Eichstett.	1718

MAJUS.

5	Peter Leopold, Keyserlicher Printz.	1747
	Adolph Friderich, Hertzog zu Mecklenburg-Strelitz.	1738
6	Frantz Christoph, Fürst und Bischoff von Speyer.	1706
10	Friderich, Marggraf von Brandenburg-Bayreuth.	1711
	Leopold Maria Joseph, Bischoff zu Brixen.	1696
11	Moritz Printz von Sachsen-Gotha.	1711
12	Ludovicus, Hertzog van Orleans.	1725
13	Maria Theresia, Römische Kayserin, und Königin von Ungarn un Böhmen ꝛc. ꝛc.	1717
14	Adolph Friderich, König in Schweden.	1710
	Engelbert, Fürst und Abbt von Kempten.	1694
16	Carl Ludwig, Printz von Anhalt-Schaumburg.	1723
21	Constantin, Landgraf von Hessen-Rheinfels.	1716
	Victor Amadeus, Printz von Anhalt-Schaumburg.	1744
23	August Ferdinand, Königl. Printz in Preussen.	1730
	Carl Joseph, Printz von Arenberg.	1735
24	Joseph Friderich, Fürst von Hohenzollern-Sigmaringen.	1702
	Emanuel Pinto, Groß-Meister von Malta.	1681
	Johann Philipp, Ertz-Bischoff und Chur-Fürst zu Trier.	1701

JUNIUS.

1	Ferdinand Carl Anton, Kayserlicher Printz.	1754

Geburts-Tag.	JUNIUS.	Geburts-Jahr.
2	Ernst August Constantin Hertzog von Sachsen-Weimar.	1737
	Carl Anselm, Printz von Thurn und Taxis.	1733
3	Georg Wilhelm, Printz von Hessen-Cassel.	1743
4	Georg Wilhelm, Printz von Walis.	1738
5	Carl Emanuel, Printz von Hessen-Rheinfelt.	1746
6	Joseph Emanuel, König in Portugall.	1714
7	Gerrard Ludwig Wilhelm Georg, Marggraf zu Baaden-Baaden.	1702
10	Ernst Friderich Carl, Hertzog zu Sachsen-Hildburghausen	1727
11	Johann Mauritz Gustav, Ertz-Bischoff zu Prag.	1676
13	Philipp Anton, Hertzog zu Calabrien.	1747
21	Benedict Moritz Maria, Kön. Sardinisch. Pr.	1741
24	Heinrich Joseph, Fürst von Auersberg	1696
	Christian Günther, Fürst von Schwartzburg-Sonderheim.	1736
26	Victor Amadeus, Cron-Printz von Sardinien.	1726
27	Johann Baptist, Printz von Dietrichstein	1728

JULIUS.

	JULIUS.	
2	Frantz Maria, Hertzog von Modena.	1698
3	Johann Nepomuc Anton Joseph, Printz von Schwartzenberg.	1742
5	Don Petro, Infant von Portugall.	1717
6	Johann Friderich Carl, Chur-Fürst zu Maynz	1689
7	Carl Philipp Frantz, Fürst von Hohenlohe-Bartenstein.	1702
11	Georg Wilhelm, Printz von Hessen-Darmstadt.	1732
	Albert Casimir Ignatz, Königl. Pr. von Pohlen.	1738
13	Carl Christian Joseph, Königl. Printz von Pohlen, Hertzog von Curland.	1733
14	Carl Ernst, Printz von Holstein-Glücksburg.	1706
15	Frantz Friderich Anton, Printz von Sachsen-Coburg-Saalf.	1750
16	Heinrich Paul Frantz, Fürst zu Mannsfeld.	1712
17	Friderich Christian, Pr. von Brandenb. Culmbach.	1708

JULIUS.

19	Johann Adolph, Printz von Nassau-Saarbrück-Usingen.	1740
29	Johann Dominicus Albertus, Fürst zu Salm-Kyrburg.	1708

AUGUSTUS.

1	Carolus, Hertzog zu Braunschweig Wolffenbüttel.	1713
2	Dieterich, Printz von Anhalt-Dessau.	1702
3	Emanuel, Infant von Portugall.	1697
	Ludwig Peter, Printz von Aremberg.	1750
4	Friderich Carl, Hertzog von Hollstein-Plön.	1706
	Carl Leopold, Hertzog von Aremberg.	1721
7	Claudius, Fürst von Aremberg.	1685
8	Friderich August, Fürst von Anhalt-Zerbst.	1734
9	Ludwig Joseph, Hertzog von Bourbon-Conde.	1736
10	Joseph Wenceslaus Laurentius, Fürst von Lichtenstein.	1696
	Leopold Friderich Frantz, Fürst von Anhalt-Dessau.	1740
14	Friderich, Erb-Printz von Hessen-Cassel.	1720
	Augustus, Printz von Sachsen-Gotha.	1747
15	Friderich Albert, Printz von Anhalt-Bernburg.	1735
	Carl Georg Lebrecht, Fürst von Anhalt-Göthen.	1730
17	Clemens August, Chur-Fürst von Cölln.	1700
21	Ludwig Carl Otto, Erb-Printz von Salm-Salm.	1721
28	Johann Peter Przichowski, Bischoff von Königs-Grätz.	1707
29	Wilhelm, Printz von Hessen-Philippsthal.	1726

SEPTEMBER.

3	Johann Theodor, Hertzog von Bayern, Bischoff zu Regenspurg.	1703
	Carl August, Erb-Printz von Sachsen-Weimar.	1757
4	Ludwig Dauphin von Franckreich.	1729
5	Friderich Christian Leopold, Königl. Chur-Printz von Pohlen.	1722
6	Christian IV. Hertzog von Pfaltz-Birckenfeld.	1722

SEPTEMBER.

Geburts-Tag.		Geburts-Jahr.
7	Victor Amadeus Rudolphus, Fürst von Anhalt-Schaumburg.	1693
10	Michael Balthasar, gefürsteter Abbt zu Berchtolsgaden.	1710
11	Ludwig Friderich, Printz von Hildburghausen.	1710
20	Friderich August, Bischoff von Lübeck.	1711
	Victor Friderich, Fürst von Anhalt-Bernburg.	1700
22	Leopold Ernst Joseph, Bischoff von Seckau in Steyermarck.	1708
23	Ferdinand, König in Spanien.	1713
	Carl, Landgraf von Hessen-Philippsthal.	1682
24	Ludwig Victor Joseph, Pr von Savoyen Carignan.	1721
25	Frantz Josias, Hertzog von Sachsen-Saalfeld.	1697
	Friderich Wilhelm, Königl. Printz in Preussen.	1744
	Ludwig Ernst, Printz von Braunschweig Wolffenbüttel.	1718
28	Clemens Wenceslaus, Königl. Pohlnischer Printz.	1739
30	Frantz Anton, Fürst von Lamberg.	1678

OCTOBER.

1	Paul Petrowitz, Printz von Hollstein-Gottorp.	1754
7	Carl, Königl. Printz von Schweden.	1748
	Friderich August, König in Pohlen.	1696
8	Friderich Wilhelm Eugenius, Printz von Sachsen-Hildburghausen.	1730
9	Carl Wilhelm Ferdinand, Erb-Printz von Braunschweig-Wolffenbüttel.	1735
10	August Wilhelm, Printz von Bevern.	1715
11	Friderich Carl, Fürst von Stollberg.	1693
22	Ludwig Günther, Printz von Schwartzburg-Rudelstadt.	1708
	Anton Ulrich, Hertzog zu Sachsen-Meinungen.	1687
26	Carl Christian Erdmann, Hertzog von Würtemberg-Oels.	1716
	Friderich Erdmann, Printz von Anhalt-Cöthen.	1731
29	Friderich August, Printz von Braunschweig-Wolfenbüttel.	1740

OC-

Geburts- Tag.	OCTOBER.	Geburts- Jahr.
29	Carl August, Pr. von Pfaltz-Zweybrück-Birckenfeld.	1746
30	Georg August, König in Engelland und Chur- fürst zu Hannover.	1683
31	Mauritius, Printz von Anhalt-Deßau.	1712
	Victor Amadeus Ludwig Maria Wolffgang, Pr. von Savoyen-Carignan.	1721
	Sultan Mustapha, Türckischer Kayser, succedirt 29. Octob. 1757.	

NOVEMBER.

7	Heinrich Friderich, Königl. Groß-Brittanischer Pr.	1745
	Thomas Alexander Marr, Fürst von Aremberg- Chimay.	1731
8	Heinrich, Fürst von Schwartzburg-Sondershausen	1740
9	Friderich, Hertzog zu Mecklenburg-Schwerin.	1717
	Carl Wilhelm, Printz von Naßau-Ußingen.	1735
12	Carl von Tarent, Königl. Neapolitanischer Pr.	1748
	Joseph Wilhelm, Fürst von Hohenzoll-Hechingen.	1717
	Mainradus Josephus, Printz von Hohenzollern- Hechingen.	1752
13	Carl Wilhelm Eugenius, Printz von Baaden- Durchlach.	1713
14	Carl August Johann Reinhard, Printz von Baa- den-Durchlach.	1712
15	Ludwig Carl Frantz Joseph Leopold, Printz von Hohenlohe-Waldenburg.	1731
17	Wolffgang Ernst, Fürst von Issenburg in Birn- stein.	1735
19	Friderich Christian Carl, Printz von Würtemberg- Oels.	1757
	August Friderich Carl Wilhelm, Printz von Sach- sen-Meinungen.	1754
21	Carl Wilhelm Ferdinand, Printz von Sachsen-Co- burg.	1751
22	Carl Friderich, Marggraf zu Baaden-Durchlach.	1728
24	Carl Maximilian, Chur-Sächsischer Printz.	1752
25	Wilhelm Heinrich, Königl. Groß-Brittanischer Pr.	1743

DE-

Geburts-Tag.	DECEMBER.	Geburts-Jahr.
6	Christian August, Printz von Waldeck.	1744
8	Franciscus, Römischer Kayser ꝛc. ꝛc.	1708
	August, Pr. von Schwartzburg-Sondershausen.	1738
11	Carl Philipp Theodor, Churfürst zu Pfaltz.	1724
12	Carl Alexander, Printz von Lothringen.	1712
15	Friderich Ernst, Marggraf von Brandenburg-Culmbach.	1712
	Ludwig, Printz von Hessen-Darmstadt.	1703
	Joseph Adam, Fürst von Schwartzenberg.	1722
27	Friderich Heinrich Eugenius, Printz von Anhalt-Dessau.	1705
	Friderich Josias, Printz von Sachsen-Coburg-Saalfeld.	1737
29	Ludwig Ernst, Printz von Sachsen-Gotha.	1707
	Elisabetha Petrowna, Groß-Czarin von Rußland.	1709
30	Friderich Heinrich, Königl. Printz in Preussen.	1747

INDEX

Uber vorstehenden Genealogischen Calender nach dem Alphabeth.

B	
Bayern. vid.	Mart
Item	April. Sept
Bayreuth.	Majum.
Brixen.	Maju u.
Braunschweig-Wolffenb.	Aug.
Item	Sept. Oct.
Bourbon-Conde.	August
Berchtolsgaden.	Sept.

C	
Constantz vid.	Martium.
Cumberland.	April
Calabrien.	Junium.
Curland.	Julium.
Culmbach	Julium.
Item	Decemb.
Cölln.	August

D	
Dännemarck vid.	Januar.
Item	Mart
Dietrichstein.	April.
Item	Junium.

E	
Eichstett. vid.	April.
Engelland.	Octob.

F	
Fürstenberg vid.	Febr
Franckreich.	Febr
Item	Sep:
Fürstenberg-Stüllingen.	Apr.

H	
Hohenzollern-Sigmaringen vid.	Januar
Item	Majum.
Hessen-Darmstadt.	Jan.
Item	April. Jul. Decemb.
Hessen-Homburg.	Jan.

H	
Hessen-Philippsthal. vid.	Feb.
Item	April. August. Sept.
Hollstein-Gottorp.	Febr.
Item	Mart. Octob.
Hohenzollern.	Febr.
Hatzfeld.	Mart.
Holland.	Mart.
Hessen-Cassel.	Mart.
Item	Jun. August.
Hollstein-Glücksburg	Mart.
Item	April. Jul.
Hohenlohe-Bartenstein.	Apr.
Item	Julium
Hollstein-Sunderb.	April.
Hessen-Rheinfels.	Majum.
Item	Junium.
Hollstein-Plön.	August.
Hannover.	Octob.
Hohenzoll.-Hechingen.	Nov.
Hohenlohe-Waldenb.	Nov.

I	
Isenburg. vid.	Nov.

K	
Kinsky. vid.	Jan.
Item	April.
Kempten	Majum.
Königsgrätz.	Aug.
Kayser.	Decemb.

L	
Löwenstein-Werth. v.	Mart.
Lobkowitz	April.
Liechtenstein.	August.
Lübeck.	Sept.
Lamberg.	Septemb.
Lothringen.	Decemb.

M	
Mecklenburg. vid.	Febr.
Item	Majum Nov.

Mal-

M

Malta. vid.	Majum.	
Modena.	Julium.	
Mayrz.	Julium.	
Mannsfeld	Julium.	

N

Nassau-Ußigen vid. Jan.
Item Novemb.
Nassau-Saatrück. Jan.
Item Mart.
Nassau-Weilburg. Jan.
Nassau-Saarbr.Ußingen Jul.
Neapel. Novemb.

O

Oettingen. vid. Januar.
Item Februar.
Oestereich. Februar.
Item Mart. Maj. Jun. Dc.
Orleans. Maj.

P

Preussen. vid. Januar.
Item Maj. Sept. Dec.
Parma. Januar.
Portugall. April.
Item Jun. Jul. August.
Prag. Jun.
Pohlen. Jul.
Item Sept. Oct.

R

Rom. vid. Mart.
Regenspurg. Sept.
Rußland. Decem.

S

Schwartzenburg. vid. Jan.
Item. Febr. Jun. Nov. Dc.
Solm-Braunfels-Greiffen-stein. Januar.
Sicilien. Januar.
Schweden. Januar.
Item Maj. Octob.

S

Salm-Salm. vid. Januar.
Item August.
Sachsen-Churthum. Jan.
Item Nov.
Sachsen-Gotha. Jan.
Item Febr. Mart. April.
Item Maj. Aug. Decemc.
Saltzburg. Febr.
Sachsen-Coburg-Saalf. Mart.
Item Jul. Nov. Decemb.
Spanien. Mart.
Item Sept.
Straßburg. Mart.
Sardinien. April.
Item Jun.
Speyer. Maj.
Sachsen-Weimar. Jun.
Item Sept.
Sachsen-Hildburghauf. Jun.
Item Sept. Octob.
Schwartzenberg. Jul.
Item Decemb.
Salm-Kyrnburg. Jul.
Seckau. Sept.
Savoyen. Sept.
Item Octob.
Sachsen-Saalfeld. Sept.
Stollberg. Octob.
Sachsen-Meinuugen. Oct.
Item Nov.

T

Trautson. vid. Januar.
Trident. Mart.
Thurn und-Taßis Mart.
Item Jun.
Trier Majum
Türckischer Kapser. Octob.
Un-

V		W	
Ungarn. vid.	Majum	Wirtzburg vid.	Febr.
W		Wallis.	Jun.
Würtemberg-Stuttgard. vid	Waldeck.		Decemb.
	Janua.	**Z**	
Item	Febr.	Zweybrück-Birckenfeld. vid.	
Würtemberg-Oels.	Febr.		Februar.
Item Octobr. Nov.		Item	Octob.

MATRICULA

Derenjenigen Notarien, von welchen,
und sonsten ausser diesen von keinen anderen Notarien sowohl bey dahiesiger Hochfürstl.
Regierung, als auch bey denen Unter-Gerichteren
und Stellen die Instrumenta, und andere Nota-
riats-Verrichtungen künftighin werden und
sollen angenohmen werden.

Notarii dahier in der Stadt.

Bauer Sebastianus.
Besel Georg Samuel.
Gräffner Ernst Alexander.
Gräffner Frantz Hartmann.
Gußbacher Johann Georg.
Jäger Johann Bonifacius.
Keydel Dominicus.
Kleinheins Johann Michael.
Küpsel Johann Joseph.
Knecht Philipp Valentin.
Krug Georg Michael.
Kucher Johann Matthäus.
Lüneschloß Joseph Abraham.

M   Oswald

Oswald Georg.
Peter Georg Christoph.
Sorger Johann Michael.
Weidmann Peter Frantz.
Zurweisten Hieronymus Conrad Paulinus.

Notarii bey denen Land-Aemteren.

Arnstein, Frantz Sigmund Ignatz Beck.
Aschach, Georg Balthasar Hermann.
Aub, Johann Philipp Pfister.
Aura im Sinngrund, der zu Gemünden.
Bischoffsheim, Johann Michael Schmuck.
Büchold, der zu Arnstein.
Bütthard, der zu Aub.
Carlstadt, Johann Nicolaus Rüger.
Clingenberg, oder Schwannfeld, } Frantz Joseph Cämerer.
Dettelbach, Nicolaus Wentzel.
Ebenhausen, Hermann Wittmann.
Ebern, Jacob Heinrich Faulhaber.
Eltmann, Carl Friderich Wilhelm.
Fladungen, der zu Mellerichstadt.
Freudenberg, Andreas Frantz Braun.
Gemünden, Johann Lorentz Bauer.
Geroltzhofen, Johann Philipp Held.
Grünsfeld, der zu Lauda.
Hartheim, Bernard Caspar Geißlein.
Haßfurth, Johann Caspar Goartz.
Heydingsfeld, Johann Georg Römer.
Hiltirs, der zu Bischoffsheim.
Hofheim, Christoph Paul Gernert.
Homburg am Mayn, Frantz Caspar Joseph Lämmlein.
Homburg an der Werrn, der zu Carlstadt.
Jaustberg, Johann Michael Sauer.
Iphoffen, der zu Kitzingen.
Kitzingen, der zu Aschach.

Kitzin.

Kitzingen, Joseph Jungkunk.
Königshoffen, Georg Melchior Adam Leo.
Lauda, Carl Siginund Häffner.
Lauringen, der zu Sultzfeld
Maynberg, Johann Caspar Günther.
Marckbibart, Johann Michael Manger.
Mellerichstadt, Johann Michael Burckard.
Münnerstadt, Johann Michael Osterberger.
Neustadt, Philipp Joseph Kramer.
Ober-Schwartzach, Johann Georg Voith.
Poppenlauer, der zu Münnerstadt.
Prölsdorff, der zu Eltmann.
Proseltzheim, der zu Volckach.
Ripperg, Johann Michael Leiblein.
Röttingen, der zu Aub.
Rottenfels, der zu Homburg am Mayn.
Schlüsselfeld, Gottfried Joseph Bitthäuser.
Seßlach, Carl Anton Marck.
Sultzfeld, Anton Bonifacius Zimmicker.
Trimberg, Johann Georg Sebastian Tucher.
Veit-höchheim, Johann Georg Dill
Volckach, Johann Georg Ludwig Wolfrum.
Werneck, der zu Arnstein.

Wornach sich also die sammentliche Gerichts-Stellen und Aemtere, auch sonsten männiglich zu achten hat. Decretum Wirtzburg den 7ten Januarii 1760.

Hochfürstl. Wirtzburgische Regierung.

Fort.

Fortsetzung
Der Fränckischen Resolvirung,

Wie hoch bey dem Ein- oder Verkauff eines Juder oder Eymer Weins, das Juder zu 12. Eymer, und der Eymer zu 64. auch 60. dann 56. und 54. Maaß, angesetzet (wie in mehreren Hochstifftischen Orthen die Eich hergebracht) das Achtel und die Maaß nachmahls im Preiß zu stehen kommen.

	Rthlr.	Batz	- oder	fl.	℔	Pf.
Das Juder um	11	6	oder	13	3	10 $\frac{4}{?}$
Der Eymer pro	-	17		1	-	22 $\frac{2}{3}$
Dieser zu 64. Maaß						
Das Achtel	-	-	-	-	-	23 $\frac{4}{?}$
Die Maaß	-	-	-	-	-	2 $\frac{32}{40}$
1.Eymer zu 60.Maaß						
Das Achtel	-	-	-	-	-	23 $\frac{4}{?}$
Die Maaß	-	-	-	-	-	3 $\frac{10}{75}$
1.Eymer zu 56.Maaß						
Das Achtel	-	-	-	-	-	23 $\frac{4}{?}$
Die Maaß	-	-	-	-	-	3 $\frac{2}{?}$
1.Eymer zu 54.Maaß						
Das Achtel	-	-	-	-	-	23 $\frac{4}{?}$
Die Maaß	-	-	-	-	-	3 $\frac{71}{135}$
Das Juder um	12	-	oder	14	2	7 $\frac{?}{?}$
Der Eymer pro	1	-		1	1	3 $\frac{?}{?}$
Dieser zu 64. Maaß						
Das Achtel	-	-	-	-	-	25 $\frac{?}{?}$
Die Maaß	-	-	-	-	-	3 $\frac{3}{20}$
1.Eymer zu 60.Maaß						
Das Achtel	-	-	-	-	-	25 $\frac{?}{?}$
Die Maaß	-	-	-	-	-	3 $\frac{2}{25}$

I. Ey

	Rthlr	Batz	-	fl.	℔	Pf.
1. Eymer zu 56. Maaß						
Das Achtel	-	-	-	-	-	$25\frac{1}{5}$
Die Maaß	-	-	-	-	-	$3\frac{3}{5}$
1. Eymer zu 54. Maaß						
Das Achtel	-	-	-	-	-	$25\frac{7}{9}$
Die Maaß	-	-	-	-	-	$3\frac{13}{15}$
Das Fuder um	12	12	-	15	1	$3\frac{3}{5}$
Der Eymer pro	1	1	oder	1	1	$14\frac{4}{5}$
Dieser zu 64. Maaß						
Das Achtel	-	-	-	-	-	$26\frac{3}{5}$
Die Maaß	-	-	-	-	-	$3\frac{13}{40}$
1. Eymer zu 60. Maaß						
Das Achtel	-	-	-	-	-	$26\frac{3}{5}$
Die Maaß	-	-	-	-	-	$3\frac{43}{75}$
1. Eymer zu 56. Maaß						
Das Achtel	-	-	-	-	-	$26\frac{3}{5}$
Die Maaß	-	-	-	-	-	$3\frac{4}{5}$
1. Eymer zu 54. Maaß						
Das Achtel	-	-	-	-	-	$26\frac{3}{5}$
Die Maaß	-	-	-	-	-	$3\frac{127}{135}$
Das Fuder um	13	6	-	16	-	-
Der Eymer pro	1	2	oder	1	1	26
Dieser zu 64. Maaß						
Das Achtel	-	-	-	-	-	28
Die Maaß	-	-	-	-	-	$3\frac{2}{2}$
1. Eymer zu 60. Maaß						
Das Achtel	-	-	-	-	-	28
Die Maaß	-	-	-	-	-	$3\frac{11}{15}$
1. Eymer zu 56. Maaß						
Das Achtel	-	-	-	-	-	28
Die Maaß	-	-	-	-	-	4

Register.

✣ (o) ✣

Register.

Geistlicher Staat.

Weltlicher Staat.

AVERTISSEMENT.

Gleichwie der alljährlich-angeführten Erinnerung ohn-geachtet von denen mehresten Stellen die vorgefallene neue Dienst-Veränderungen nicht eingeschicket werden, da-hero den vorgehenden Inhalt wieder bey zu setzen man ver-müßiget ist, als könen auch die hierdurch sich ergebende mehrere Fehler weder zu einem Nachtheil gereichen, noch dies-falls eine Schuld für gegenwärtiges Jahr, ingleichen künf-tighin bey fernerer Unterlassung jemand beygemessen werden. Sondern vielmehr

BenIgnItas LeCtorIs errata
CorrIgere, & eMenDare faVebIt.